Rachel Beaujolin-Bellet
Géraldine Schmidt

Les restructurations d'entreprises

La Découverte
9 *bis*, rue Abel-Hovelacque
75013 Paris

Remerciements. Nous tenons à remercier Bernard Colasse, pour la confiance qu'il nous a accordée, ainsi que les membres de la chaire Mutations-Anticipations-Innovations (MAI) de l'IAE de Paris pour la richesse de nos échanges avec eux, en particulier Jean-Pierre Aubert, son initiateur et secrétaire général, et Florent Noël, pour sa relecture attentive.

ISBN : 978-2-7071-5824-6

Introduction

Diffuses, permanentes, protéiformes, omniprésentes... tels sont les principaux qualificatifs attribués par les chercheurs aux restructurations. Ces qualificatifs peuvent changer lorsque s'expriment des représentants de directions qui, par exemple, les jugent inévitables, incontournables ou encore naturelles car « faisant partie de la vie des entreprises ». Inquiétude, trahison, révolte ou colère règnent bien plus dans les représentations qu'en ont les individus qui ont pu y être confrontés en tant que salariés. En tout cas, les restructurations accompagnées de suppressions d'emplois, c'est-à-dire se traduisant par des ruptures, ne peuvent pas laisser indifférent.

Ces différents registres de vocabulaire disent la prégnance, la complexité et le caractère douloureux du phénomène. Ils évoquent aussi la pluralité des regards qui peuvent être portés sur les restructurations, selon la place occupée. Ils laissent entendre enfin à quel point les restructurations se situent au cœur d'affrontements idéologiques, constituent pour les uns et pour les autres un emblème de ce qu'il s'agit de promouvoir ou au contraire de combattre. Ce livre traite donc d'un objet brûlant, en perpétuelle évolution, que l'actualité ramène réguliè-rement au-devant de la scène, qui fait débat, voire qui fait peur. Mais les restructurations, dans certaines de leurs composantes, peuvent aussi se cacher, qu'elles soient intentionnellement dissimulées ou qu'elles se dissimulent de fait aux yeux des acteurs. Elles jouent donc dans une dialectique compliquée entre mise en visibilité et mise en invisibilité.

Cet objet polémique est lié tout à la fois à des mécanismes économiques, à des pratiques gestionnaires, à des débats juridiques et politiques, et à des enjeux (et parfois des drames) sociaux et humains. Les restructurations peuvent, en première instance, être regardées comme un prisme de lecture de multiples évolutions à l'œuvre, économiques, sociales, sociétales... Pour tenter de les saisir, il faut conjuguer plusieurs niveaux et angles de lecture, mais aussi plusieurs points de vue ; il faut mobiliser les travaux issus de plusieurs disciplines différentes (économie, droit, sociologie, psychologie, gestion...). Cette complexité implique d'être quelque peu réduite pour pouvoir faire état, dans leur pluralité, des connaissances acquises sur ce sujet.

Le choix fait dans ce livre consiste à se pencher sur les *pratiques de gestion* des restructurations, pour en considérer les logiques et mécanismes de décision, les modalités de mise en œuvre et les effets, avant de mettre en débat l'existence de « bonnes pratiques » de gestion des restructurations. Comprendre ces pratiques de gestion implique de considérer les contextes politiques, juridiques, économiques et sociaux dans lesquelles elles s'inscrivent. Par souci de clarté et de concision, cette contextualisation sera essentiellement opérée dans le cadre français, même si des éléments de mise en perspective comparée avec d'autres pays seront introduits. De même, de nombreuses études anglo-saxonnes nous serviront de point d'appui et de discussion. Comprendre la nature des effets des restructurations implique en outre de se pencher sur des dimensions qui touchent tout à la fois les individus, les collectifs de travail, l'organisation et, dans une vision étendue, les territoires concernés.

Dans un premier temps (chapitre I), il semble indispensable de s'arrêter sur ce que désigne la notion de « restructuration », très imparfaitement appréhendée en termes statistiques, proche de bien d'autres notions, souvent simplement assimilée à une opération de suppressions d'emplois ou à un plan social, mais renvoyant plus largement à des transformations internes et externes de la structure organisationnelle, à des modifications significatives de l'organisation du travail et/ou à un changement de la relation d'emploi et des modalités de gestion de cet emploi. Cet effort de précision et de cadrage conduit alors à décrire la multiplicité des manifestations ou des formes de restructurations, et à distinguer plusieurs registres ou logiques de décisions possibles. Restructurer une organisation relève d'une décision délibérée, mais le lieu de cette décision, les acteurs qui y participent, le processus qui l'accompagne, les mécanismes de justification implicite et explicite qui l'entourent sont pluriels.

Il s'agit, dans un deuxième temps (chapitre II), de plonger dans la complexité de la mise en œuvre des restructurations accompagnées de suppressions d'emplois, mise en œuvre éminemment contextuelle, encastrée dans des mécanismes juridiques, des systèmes de relations professionnelles et de régulation sociale, une situation économique, un paysage culturel, etc. Cette forte inscription dans des contextes spécifiques oblige à choisir de focaliser l'analyse dans cette partie sur le cadre national français, tout en le mettant en perspective avec d'autres situations nationales, notamment à l'échelle européenne. Une présentation, nécessairement rapide, du cadre juridique des PSE (plans de sauvegarde de l'emploi) et des mesures d'accompagnement qu'ils prévoient, plus généralement des négociations sur l'emploi, permet d'introduire ensuite la question des jeux d'acteurs impliqués dans la mise en œuvre d'un plan de restructuration. Mais les restructurations ne se déroulent pas toutes, loin s'en faut, dans le cadre d'un PSE. On pense aux liquidations judiciaires ou aux plans de licenciements de taille réduite dans des PME. On songe aussi à des mesures plus silencieuses ou discrètes, qui reflètent la tendance croissante à une individualisation de la relation d'emploi, comme les ruptures conventionnelles, dont le nombre ne cesse d'augmenter. L'étude des modalités de mise en œuvre des restructurations pose de manière forte la question de leur négociation collective et de leur régulation sociale.

Ce sont les effets des restructurations qui sont décrits dans un troisième temps (chapitre III), là encore dans leur complexité et leur contingence. Les débats qui entourent cette question sont nombreux, notamment lorsqu'il s'agit d'évoquer le lien avec la performance, boursière et économique, des entreprises qui restructurent. Les résultats en termes de performances ne peuvent se comprendre sans une appréhension des coûts, directs et indirects, visibles et cachés, des restructurations : pour l'organisation et les collectifs de travail (compétences, savoirs, réputation, image…), mais aussi pour les individus (confiance, contrat psychologique qui les lie à leur employeur, trajectoires professionnelles suivies, santé physique et psychologique, syndrome du « survivant », malaise des managers de proximité) et pour les territoires.

Si les restructurations demeurent un phénomène pluriel et ancré dans des contextes spécifiques, elles n'en suscitent pas moins des attentes fortes de la part des acteurs en termes de modalités de gestion qui permettraient, *a minima*, d'en limiter les effets négatifs. En guise de conclusion, nous abordons dans un quatrième temps (chapitre IV) la question des « bonnes pratiques » de gestion des restructurations. La littérature managériale n'est pas avare en recommandations, mais toute prescription à vocation universelle se heurte à la nécessité de prendre en compte des situations spécifiques, sociales, culturelles, économiques et juridiques. Néanmoins, quelques lignes directrices marquent le paysage institutionnel des restructurations en Europe et prônent plus d'anticipation, plus de concertation et de négociation, un partage solidaire des responsabilités entre acteurs et une meilleure évaluation des restructurations.

I / Restructurations : de quoi parle-t-on ? Pourquoi et comment en décide-t-on ?

Le terme « restructurations » désigne, d'une façon générale, des opérations qui visent à donner une nouvelle structure, une nouvelle organisation. Elles peuvent concerner un secteur industriel, un espace urbain, une entreprise ou encore un endettement. Le Larousse précise que la restructuration intervient quand il s'agit de réorganiser un ensemble devenu inadapté et, pour les restructurations d'entreprises, selon de nouveaux principes, avec de nouvelles structures.

Les « restructurations d'entreprises » sont souvent assimilées aux suppressions d'emplois, voire aux plans sociaux. Les deux phénomènes ne sont pas synonymes, même si les restructurations peuvent s'accompagner — et s'accompagnent souvent — de suppressions d'emplois. Outre une identification par défaut, plusieurs définitions et typologies permettent de cerner le phénomène, d'en évaluer l'évolution dans le temps et l'ampleur, et, finalement, d'en montrer la dimension devenue universelle, permanente et protéiforme.

Parallèlement, une lecture attentive des décisions qui président aux mouvements de restructuration laisse apparaître une variété de motifs, de registres et de logiques sous-jacents, ainsi qu'une complexité dans le processus de décision.

Restructurations d'entreprises : un concept, des concepts

Une analyse des rapports institutionnels publiés en France entre 2000 et 2005 sur le sujet [Beaujolin-Bellet et Schmidt,

2007]* montre que, si leurs auteurs alertent sur les risques d'amalgame entre les termes employés, ils s'accordent *in fine* sur celui de « mutations ». L'utilisation de ce terme est recommandée par Édouard [2005] pour désigner une tendance profonde d'importante transformation des modes organisationnels des entreprises ; il est prôné par Aubert [2002] pour nommer le caractère diffus, permanent et protéiforme des restructurations. Mais parler de mutations, c'est en fait parler des mouvements de restructuration à un niveau macroéconomique et macrosocial. Le terme « restructuration » est en revanche pertinent pour saisir et comprendre les processus de transformation des contours des entreprises et leurs conséquences sur l'emploi à un niveau micro.

Un foisonnement de termes

Au niveau micro des pratiques de gestion, délocalisation, externalisation, filialisation, réorganisation, redressement, privatisation, nationalisation, refonte des processus, fermeture d'établissement, fusion-acquisition, liquidation, cession, scission... sont autant de termes utilisés pour désigner des formes de décisions en matière de restructuration. Concernant la gestion des sureffectifs liée aux restructurations, on entendra les termes suivants : plan social (ou, plus récemment, compte tenu des évolutions juridiques en France, plan de sauvegarde de l'emploi), reconversion, reclassement, activation des mobilités, etc. Le langage courant peut mobiliser d'autres appellations, traduisant la représentation négative que véhicule le terme, compte tenu de ses conséquences sur le travail et l'emploi : dégraissage, démantèlement, etc. Des anglicismes liés au vocabulaire managérial sont aussi souvent employés, tels que *downsizing, reengineering, offshoring, outsourcing, rightsizing, rebalancing, demerger, subcontracting,* etc. Enfin, le vocabulaire managérial se fait parfois pudique pour désigner une restructuration sans — trop — le dire : redéploiement, remodelage, modernisation, adaptation, transformation, etc.

---

* Les références entre crochets renvoient à la bibliographie en fin d'ouvrage.

Face à cette litanie de termes, des auteurs ont cherché à mieux caractériser les sous-ensembles du concept de restructuration, ou à en préciser les différences par rapport à des termes proches.

Downsizing, reengineering, restructuring

Le terme *downsizing*, que l'on retrouve fréquemment dans la littérature anglo-saxonne, n'a pas de traduction usuelle en français, hormis celle très peu utilisée de « micromisation ». Utilisé à l'origine aux États-Unis à la suite de la crise pétrolière de 1973 pour désigner les efforts réalisés par l'industrie automobile pour réduire la taille des voitures et leur consommation d'essence, ce mot entre dans le vocabulaire managérial à partir des années 1980, puis devient la devise du management des années 1990 [Gandolfi, 2009]. Il s'agit d'éliminations planifiées d'emplois [Cascio, 1993] qui peuvent conduire à une reconfiguration du travail [Cameron, 1994]. Le *downsizing* désigne donc une sorte d'effet jivaro sur les effectifs, leur réduction en constituant la finalité première.

Selon un rapport du Bureau international du travail [Rogovsky *et al.*, 2005], si *downsizing* et *restructuring* sont les deux termes les plus fréquemment utilisés dans le monde anglo-saxon, le second a des implications plus étendues que la seule diminution des effectifs qui, elle, est strictement visée par le premier. À l'appui d'une revue de littérature, Moulin [2001] précise que le *restructuring* peut être de trois ordres : une restructuration du portefeuille d'activité, une restructuration financière ou une restructuration organisationnelle.

Le *reengineering* promu par Hammer et Champy [1993] se propose d'inventer un nouveau modèle d'entreprise à partir d'une reconfiguration transversale de l'organisation afin de construire un nouvel avantage concurrentiel pour l'entreprise. Les auteurs insistent : il doit s'agir d'un changement radical, impliquant de revoir fondamentalement la nature du travail et de remettre en question tous les aspects de l'organisation. Pour Cameron [1994], il faut distinguer les restructurations numériques (réduction des effectifs ou *downsizing*), les restructurations fonctionnelles (redéfinition des tâches, réorganisation interne) et les restructurations structurelles (recentrage sur le cœur de métier et recomposition de la force de travail), typologie qui correspond peu ou prou aux trois termes anglo-saxons *downsizing, reengineering* et *restructuring*.

Restructuration, reconversion, reclassement

Au milieu des années 1990 en France, et après avoir mené de nombreuses réflexions sur le sujet dans le cadre de l'association Développement & Emploi, Thierry [1995], en adoptant une approche plus centrée sur les trajectoires des organisations et des individus dans des contextes de restructuration, et sur leur régulation sociale, propose de distinguer restructurations et reconversions. Les premières consistent en un changement radical lié à une évolution importante de la stratégie et engendrent une modification dans les besoins en qualifications, appelant alors différentes formes de reconversion : reconversion d'activité (changements significatifs d'activité), reconversion économique (reconstitution du tissu économique local affecté) et reconversion sociale (actions visant à la réinsertion professionnelle interne ou externe). La reconversion sociale peut donner lieu à des actions de reclassement (réinsertion dans un emploi proche de celui perdu) ou de reconversion à proprement parler (réinsertion dans un emploi aux contenus très différents).

Trois niveaux de lecture : structures, organisation du travail, relations d'emploi

Cette diversité dans les vocables mobilisés atteste bien, comme l'a souligné Séverin [2006], d'une difficulté à définir et à baliser d'un point de vue théorique le concept de restructuration. L'une des définitions les plus souvent mobilisées est celle de Bowman et Singh [1993] qui entendent par restructuration l'« ensemble des transactions conduisant à vendre ou à acquérir des actifs, à modifier la structure du capital ou à transformer l'organisation interne de la firme ». Le terme « restructuration » au niveau d'une organisation désigne ainsi des transformations de structures, de l'organisation interne et de l'emploi, lesquelles s'opèrent par des transactions.

Des modifications de structures concernent les frontières externes d'une organisation et prennent par exemple la forme d'opérations de croissance externe (acquisitions, fusions) ou d'externalisation. Des modifications de l'organisation interne de la firme peuvent se traduire par la suppression de niveaux hiérarchiques, par l'introduction d'organisations-projets, par la redéfinition des tâches, par le rapprochement d'unités ou de services, etc. Des modifications dans la relation d'emploi peuvent être qualitatives (recomposition de la force de travail en termes de qualifications, de compétences ou de statuts) ou quantitatives (réductions d'effectifs ou créations de postes, les deux pouvant être simultanées).

Analyser les restructurations renvoie à étudier les transformations des organisations à trois niveaux :

1) la structure de l'organisation, entendue comme une combinaison entre les formes de division et de coordination du travail, qui concerne tout à la fois les évolutions des périmètres externes (par exemple, quelle division et quelle coordination du travail entre clients et fournisseurs ?) et celles des périmètres internes des organisations (par exemple, quelles allocations de ressources et d'activités entre entités ? Quelle nature de relations entre le sommet et les centres opérationnels ?) ;

2) l'organisation du travail elle-même, renvoyant par exemple aux modes d'organisation des tâches des individus, aux conditions de travail, à la nature de l'exercice des relations de subordination ;

3) les relations d'emploi et leurs modes de gestion : les modes de contractualisation des relations d'emploi (types de contrat, durée des contrats, recours à des formes flexibles d'emploi, etc.), les modes de détermination des niveaux d'effectifs, les modes de gestion des flux internes et externes d'emploi, et les modes de gestion des compétences.

Dans une telle grille de lecture, le terme « restructuration » n'est pas assimilable en tant que tel, malgré la représentation qu'il véhicule souvent, aux seules suppressions d'emplois et, *a fortiori*, aux seuls plans sociaux. Il désigne bien des transformations des périmètres externes et internes des organisations, s'accompagnant ou non de suppressions nettes d'emplois, et donc de pratiques de gestion des sureffectifs.

Généralement, au moins deux des trois éléments (structures, organisation, emploi) sont l'objet d'évolutions plus ou moins simultanées. Par exemple, une décision de fusion-acquisition se traduit par des réorganisations internes et des évolutions d'emploi ; une opération de réduction des effectifs de structure (emplois indirects, souvent appelés « de bureau » ou « de cols blancs ») implique une refonte de l'organisation du travail.

Un groupe de l'agroalimentaire en restructuration

Au cours des années 1980, un groupe international de l'agroalimentaire réalise de nombreuses acquisitions sur ses marchés de sorte à atteindre une taille critique. Dans l'une de ses branches, six entreprises sont ainsi rachetées en une décennie. Simultanément, le groupe se désengage d'activités pour lesquelles il considère ne pas pouvoir atteindre une position de leader en les vendant.

Au début des années 1990, les périmètres du groupe ont ainsi fortement évolué et le rythme va s'accélérer avec l'internationalisation de ce dernier et l'implantation (par délocalisation ou par rachat) dans de nouvelles zones géographiques.

À partir de la fin des années 1990, une réflexion est menée afin de rationaliser cet ensemble composite. Elle aboutira notamment à une décision de fermeture d'établissements de production en France.

Puis, toujours dans une double perspective de recentrage sur le cœur de métier et d'internationalisation de ses activités, le groupe vendra au milieu des années 2000 un pan entier de son activité.

Au fil de ces années, plusieurs plans de suppressions d'emplois ont été menés en accompagnement de ces différentes restructurations, sous forme de plans sociaux.

Simultanément, plusieurs démarches d'enrichissement des tâches et d'accroissement de la polyvalence ont été menées dans les activités de production, accompagnées d'externalisation d'activités jugées annexes. De même, le recours à des formes flexibles d'emploi s'est fortement accru.

Une connaissance statistique partielle des restructurations

Cela peut paraître surprenant au regard de l'actualité du phénomène depuis plus de quatre décennies, mais l'outil statistique ne saisit que par bribes les restructurations et leurs conséquences. Cette difficulté à appréhender statistiquement les restructurations et leurs effets sur l'emploi est aussi liée à la grande diversité des formes qu'ils prennent et qui, par ailleurs, évoluent dans le temps.

Au niveau national, un système d'information cloisonné et partiel

En France, les statistiques sur le marché du travail fournissent des informations sur les ruptures d'emploi et leurs causes, dont les licenciements pour motif économique (déclarations de mouvements de main-d'œuvre — DMMO), ou sur les motifs d'inscription à Pôle emploi (ex-ANPE) des demandeurs d'emploi (licenciement économique, autres licenciements, démission, fin de CDD, fin de mission d'intérim, première entrée sur le marché du travail, reprise d'activité et « autres motifs »). Sur les dix dernières années, on note une relative stabilité des fins de mission en CDD (autour de 1 400 000 par an), une variation des licenciements pour motif économique entre 200 000 et 400 000 par an, mais surtout une forte augmentation des « autres motifs » (soit ceux qui n'entrent dans aucune des autres catégories). À partir de 2009, ces « autres motifs » deviennent, avec un peu plus de 2 millions de personnes concernées, le premier motif d'inscription à Pôle emploi. En première analyse, ces données attestent du caractère incomplet et insuffisant de l'outil statistique : il ne permet pas de comprendre finement l'ensemble des mobilités professionnelles liées à des restructurations qui, elles, changent de forme, évoluent.

Sur les restructurations elles-mêmes, les statistiques fournissent des informations sur l'évolution des formes d'entreprises : l'évolution des formes de groupes à partir de l'enquête Liaisons financières (LIFI), les transferts d'actifs dont les fusions-acquisitions (base CITRUS), l'enquête annuelle d'entreprise (EAE), la déclaration annuelle de données sociales (DADS). L'ensemble de ces sources de données sur les entreprises sont regroupées au sein de la base ALISSE de l'Insee.

Rares, voire inexistantes, sont les études qui mettent en lien les sources de données sur l'emploi et celles sur les entreprises. Les données demeurent incomplètes par exemple pour saisir le phénomène des délocalisations et son impact sur l'emploi [Arthuis, 2005]. Les seules informations produites sont celles qui portent sur les « plans de sauvegarde de l'emploi » (PSE). Les remontées des unités territoriales de la DIRECCTE (Direction régionale des entreprises, de la concurrence, de la consommation, du travail et de l'emploi — anciennement Direction départementale du travail, de l'emploi et de la formation professionnelle, ou DDTEFP) permettent une analyse des dispositifs publics d'accompagnement des restructurations. Selon les estimations de la Dares [2009c], le nombre de PSE est relativement stable de 2000 à 2008, avoisinant peu ou prou chaque année le millier. On note néanmoins une très forte augmentation du nombre de PSE en 2009, en lien avec les conséquences de la crise financière puis économique de 2008.

Figure 1. **Le nombre de plans de sauvegarde de l'emploi en France de 2000 à 2010**

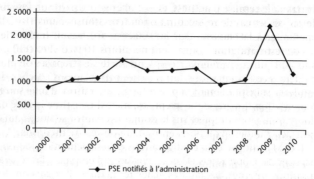

— ◆ — PSE notifiés à l'administration

Source : Dares [2011].

Cependant, les licenciements économiques dans le cadre d'un PSE ne correspondent qu'à une partie des pratiques de suppressions d'emplois. Sont notamment exclus les licenciements économiques se déroulant dans des entreprises de moins de cinquante salariés. Comme le rappelle Ray [2009, p. 377], les licenciements économiques dans le cadre de PSE concernent chaque année moins du quart des licenciements pour motif économique, les trois quarts relevant de « licenciements secs » qui ne donnent lieu à aucune remontée d'informations particulière. Comme nous le verrons dans le chapitre II, le PSE demeure à de nombreux points de vue la partie émergée de l'iceberg des suppressions d'emplois.

Au niveau européen, la création d'un observatoire en réponse aux difficultés

Au niveau européen, Storrie [2006] montre qu'aucune source ne permet d'évaluer l'ampleur et les conséquences sur l'emploi des restructurations en Europe, même si *The European Labour Force Survey* (ELFS) fournit des informations trimestrielles sur les personnes perdant leur travail.

Le travail mené par l'*European Restructuring Monitor* (ERM) depuis 2002 a permis d'avancer dans cette voie. Partant du constat que la seule façon de mettre en lien restructurations et emploi est de partir des pratiques annoncées d'entreprises, cet observatoire recense dans chacun des pays européens (en France, ce travail est réalisé par l'Ires), essentiellement à partir de sources de presse, les cas de restructuration et leurs conséquences — à la hausse ou à la baisse — sur les effectifs. Ce travail intègre les cas de restructuration concernant au moins 10 % de l'effectif ou plus de cent mouvements d'emploi dans des entreprises de plus de deux cent cinquante salariés. Il ne permet pas d'afficher de résultats statistiquement représentatifs, en raison d'une surre-présentation des grandes entreprises, mais il constitue la base de données la plus complète sur le domaine et autorise une évalua-tion des grandes évolutions en matière de restructurations.

L'ERM distingue cinq configurations de restructurations accom-pagnées de suppressions et/ou de créations d'emplois : les réorga-nisations internes, les faillites et les fermetures, l'expansion, les relocalisations/délocalisations et les fusions-acquisitions. Entre le 1er janvier 2002 et le 31 décembre 2010, l'ERM a enregistré plus de 11 700 cas de restructuration en Europe : près des deux tiers des suppressions d'emplois annoncées sont liées à des décisions de réorganisation interne, tandis que les cas de faillite et de fermeture expliquent 16,63 % des projets de suppressions d'emplois.

Figure 2. **Répartition des cas de restructuration en Europe de 2002 à 2010 à partir des données de l'ERM**

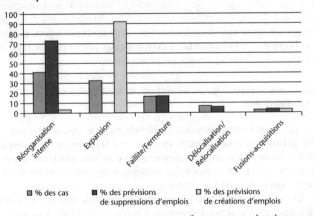

% des cas · % des prévisions de suppressions d'emplois · % des prévisions de créations d'emplois

Source : www.eurofound.europa.eu

Inversement, si la plupart des créations d'emplois s'observent dans des configurations de croissance d'activité, elles s'opèrent aussi lors de réorganisations internes. La diminution des effectifs d'une organisation, par exemple d'une année à l'autre, peut être le fruit de mouvements concomitants d'embauches et de départs, traduisant des pratiques de créations et de suppressions d'emplois, renvoyant de façon simultanée à des actes de recrutement, de gestion de mobilités internes, et de ruptures de contrats de travail. C'est ce que Ardenti et Vrain [1991] avaient identifié dès le début des années 1990 en évoquant des formes de recomposition des contours de la main-d'œuvre à l'occasion de suppressions d'emplois.

Cette difficulté à obtenir une photographie nette du phénomène des restructurations et de leurs conséquences est en partie liée à leur caractère protéiforme et multidimensionnel, autrement dit à la complexité du phénomène. Traduit-elle par ailleurs un manque d'intérêt politique ou une difficulté collective à faire d'un sujet chaud et douloureux un objet de suivi permanent ? Certains le pensent aussi au vu du temps qui passe.

Des formes variées pour un phénomène universel et permanent

Les restructurations, un phénomène nouveau ?

Si l'actualité des restructurations est chronique depuis le choc pétrolier de 1975, voire depuis cinq décennies, plusieurs travaux historiques montrent que le phénomène est ancien, tout en prenant des formes nouvelles. Lescure [2010] explique ainsi en quoi les restructurations des années 1960 ont des points communs avec celles des années 1860, s'agissant dans les deux cas d'améliorer la compétitivité de l'industrie française pour la préparer à la concurrence internationale. Mais il nuance l'analogie entre les deux périodes en précisant que leur durée et leur portée les différencient : les restructurations du Second Empire « sont une expérience marginale et brève », tandis que celles amorcées un siècle plus tard ont modifié le paysage industriel français en s'inscrivant dans la durée. Entre ces deux périodes, l'industrie française est marquée par la crise des années 1930 [Moutet, 2010] qui l'amène à fortement réduire son activité, les industries traditionnelles telles que le textile étant déjà en déclin. La crise se traduit alors par une forte montée du chômage des ouvriers, quand bien même les chefs d'entreprise hésitent à se séparer d'une main-d'œuvre qualifiée qu'ils avaient eu du mal à recruter après la guerre.

La fin des trente glorieuses marque celle d'un mode de régulation fordiste reposant sur un modèle d'emploi à durée illimitée, encadré par des conventions collectives négociées avec les organisations syndicales, dans un régime d'accumulation intensive. La crise de 1975 est ainsi lue, tout comme celle de 1930, comme la remise en cause d'un mode de régulation, mais auquel ne se serait pas réellement substitué un nouveau, hormis le constat de la prédominance de la sphère financière. Pour Brouté [2010], il s'agit d'inscrire le phénomène des restructurations en France dans le cadre de la réforme politique du capitalisme français réalisée dès les années 1960, l'emploi étant reconfiguré et des licenciements étant menés au cours même des trente glorieuses.

Au-delà de ce débat sur la datation du phénomène, pour Cohen [2006], une des leçons sur la société postindustrielle du début du XXIᵉ siècle est qu'elle peut être regardée comme une « ère des ruptures » (mondialisation, révolution technologique, nouveaux principes d'organisation du travail, individualisation et financiarisation), le capitalisme contemporain se caractérisant *in fine* par un démembrement de la firme industrielle construite dans le cadre de la prospérité postfordiste.

Des restructurations de crise aux restructurations de compétitivité

Les restructurations ne se déroulent pas dans les seuls cas d'entreprises en difficulté ou dans des contextes de crise économique. Pourtant, cette notion de crise a longtemps été attachée à celle de la restructuration, cette dernière désignant des opérations de sauvetage d'entreprises ou de secteurs d'activité menacés, en déclin.

Les restructurations des années 1970-1980 ont touché en premier lieu des secteurs d'activité en situation de crise, tels que la sidérurgie ou le textile, qui ont connu des mouvements de disparition, de diminution importante ou de délocalisation d'activité. Les restructurations sont alors à la fois visibles (fermetures d'établissement, par exemple), radicales et particulièrement

La restructuration des grands établissements industriels de 1975 à 1994

« Au cours des vingt dernières années (de 1975 à 1994), les effectifs des établissements industriels de plus de cent salariés ont diminué dans tous les secteurs, expliquant à eux seuls la quasi-totalité des pertes dans l'ensemble de l'industrie. Le poids de ces "grands établissements" dans l'emploi salarié industriel total est ainsi passé des deux tiers à la moitié. Les fermetures d'établissements l'emportant sur les créations, une perte nette de 1 400 unités a entraîné le redéploiement ou la suppression de 600 000 emplois. Les effectifs salariés ont fortement diminué dans les unités pérennes des secteurs des biens intermédiaires et des biens d'équipement. Les houillères et le textile ont fermé plus de la moitié de leurs établissements. La construction électronique, la parachimie-pharmacie et l'agroalimentaire ont affecté les régions différemment. L'Île-de-France a délocalisé ses activités directement liées à la production industrielle ; l'Ouest, Midi-Pyrénées et l'Alsace en ont bénéficié et sont restés dynamiques. C'est dans le Nord-Pas-de-Calais et en Lorraine que l'emploi industriel a le plus fortement diminué. »

Source : Insee [1997].

douloureuses pour les salariés et pour les bassins d'emploi concernés. De 1975 à 1994 [Insee, 1997], elles se traduisent par une diminution nette des effectifs dans les grands établissements industriels. En France, elles s'inscrivent, selon Fayolle [2005], dans un contexte de restructuration du capitalisme et s'accompagnent de vagues de privatisations.

D'autres formes de restructuration ont émergé au cours des décennies 1990 et 2000, liées à une recherche de compétitivité économique et financière des entreprises, sans impératif de survie économique à court ou moyen terme. On parle alors de restructurations « de compétitivité » ou « offensives », par opposition à des restructurations « de crise » ou « défensives ». Ces restructurations « de compétitivité » résultent plus de logiques d'anticipation sur l'avenir, tandis que les restructurations « de crise » renvoient plus à une réaction face à une dégradation de l'activité ou des résultats de l'entreprise. Aggeri et Pallez [2005] considèrent ainsi que les restructurations industrielles des années 1970 désignant des phénomènes bien identifiés (des adaptations douloureuses, mais inéluctables) ont laissé place à des restructurations devenues un « outil permanent d'adaptation des entreprises à la recherche d'une compétitivité croissante, souvent pensée à une échelle transnationale ».

Le développement de restructurations de compétitivité n'empêche pas pour autant une accélération des processus de restructuration lors de crises, accompagnée d'un accroissement des pertes d'emploi. La crise économique qui a débuté en 2008 a engendré une forte accélération des suppressions d'emplois dans de nombreux secteurs, produisant au niveau européen un solde négatif.

Figure 3. **Augmentations et diminutions d'emplois annoncées dans le cadre de restructurations en Europe, du premier trimestre 2007 au deuxième trimestre 2010**

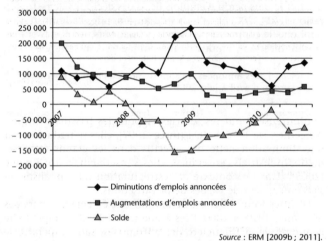

Source : ERM [2009b ; 2011].

Dans certains cas de restructuration, contexte de crise et logique d'amélioration de la compétitivité se mêlent, rendant la distinction délicate.

Les restructurations comportent une part d'évolution structurelle déconnectée des évolutions conjoncturelles, venant justifier d'autant plus une analyse gestionnaire en termes de processus de prise de décision.

Des restructurations permanentes et protéiformes :
un phénomène universel

Dans cet entrelacs de restructurations de crise et de restructurations de compétitivité, le phénomène se diffuse à l'ensemble
des secteurs d'activité, y inclus le secteur public. Sur les soixante
et un cas de restructurations enregistrés par l'ERM en 2009 pour
la France, plusieurs d'entre eux se déroulent dans les services
publics tels que la police nationale, l'assistance publique ou
l'Éducation nationale. Au niveau européen, sur la période
2008-2009, ce sont les secteurs suivants (par ordre décroissant)
qui ont le plus perdu d'emplois liés à des décisions de restructuration [ERM, 2009b] : l'industrie automobile, l'administration
publique, le commerce, les services financiers, les postes et télécommunications, l'industrie mécanique et la métallurgie.

Tableau 1. **Les annonces de suppressions d'emplois envisagées
en Europe d'avril à juin 2009**

Organisation/ entreprise	Nombre d'emplois supprimés	Type de restructuration	Localisation
Éducation nationale	16 000	Réorganisation interne	France
British Telecom Group (postes et télécoms)	15 000	Réorganisation interne	Monde
Hewlett Packard (industrie informatique)	6 400	Réorganisation interne	Monde
Woolworths (commerce)	5 000	Fermeture	Allemagne
Heideldruck (machines et équipements)	5 000	Réorganisation interne	Europe
Mahle (industrie automobile)	4 900	Réorganisation interne	Monde
Linde (industrie chimique)	3 000	Réorganisation interne	Monde
New World Resources	2 500	Réorganisation interne	République tchèque
Lloyds (services financiers)	2 100	Fusion-acquisition	Royaume-Uni

Source : ERM [2009a].

Pour 2011, l'ERM [2011] souligne la prépondérance des
annonces de suppressions d'emplois dans l'administration

L'essor des microgroupes

« En 1998, une PME sur quatre dépend d'un groupe, contre une sur dix en 1990. [...] Désormais, les microgroupes (groupe d'entreprises dont l'effectif total, en France, est inférieur à 500 salariés) rassemblent près de la moitié des PME dépendant d'un groupe contre un quart en 1990. Ainsi, même pour les petites unités, la configuration "groupe" devient la forme de structuration et de fonctionnement de l'activité économique. »

Source : Insee [2001].

---

publique (par exemple, ministère de la Défense en Hollande et ministère de la Défense au Royaume-Uni), dans les services financiers (par exemple, Intensan San Paolo en Italie) et dans les postes et télécommunications (par exemple, La Poste en France et Poczta Polska en Pologne).

Les auteurs anglo-saxons montrent aussi comment les pratiques de *downsizing* touchent tous les secteurs d'activité et ont des conséquences sur les organisations et les individus dans le monde entier depuis plus de trois décennies [Gandolfi, 2009]. Elles concernent tous les pays, qu'il s'agisse de pays industrialisés avec une forte tradition d'emploi stable, tels que le Japon ou la Suède, de pays ayant récemment évolué d'un système dirigiste à un système marchand, tels que les pays d'Europe de l'Est ou la Chine. Elles touchent toutes les catégories de salariés, cols bleus et cols blancs. Ainsi, les pratiques de suppressions d'emplois liées à la mise en œuvre de restructurations ont accédé au statut de phénomène universel.

Les restructurations sont qualifiées de diffuses, de permanentes [Fayolle, 2005] et de protéiformes [Aubert et Beaujolin-Bellet, 2004] : elles sont liées à des évolutions de frontières des organisations ou à des recherches de rationalisation de l'appareil productif ; mais aussi à des processus de flexibilisation du recours à la main-d'œuvre et de recomposition de celle-ci. En termes d'évolutions de structures, plusieurs tendances peuvent être identifiées. L'une d'entre elles est l'extension du groupe comme structure d'entreprise, avec un essor particulier des microgroupes, renvoyant notamment à une recherche de souplesse de gestion en maintenant une unité de direction.

D'autres tendances sont à noter : l'accroissement de la volatilité des implantations des entreprises, du fait notamment des

---

Recentrage et externalisation : le cas d'Airbus

« Depuis la fin des années 1990, les grandes firmes opèrent [...] un triple mouvement stratégique caractérisé par trois phénomènes : le *refocusing* (recentrage) sur leur cœur de métier, l'*outsourcing* (externalisation) et l'*offshoring* (délocalisation). [...] Les activités traditionnellement externalisées étaient les activités à faible valeur ajoutée. Le mouvement atteint désormais des activités clés comme les achats, la production, la R&D, etc. [...] Il en est de même chez Airbus. [...] Parmi les formes de l'externalisation, on peut recenser d'abord l'externalisation d'efficience fondée sur la recherche d'une plus grande efficience économique avec des économies d'échelle et des économies de "gamme". [...] Une deuxième forme d'externalisation est l'externalisation de recentrage qui est la focalisation de l'ensemble des ressources de l'entreprise sur un petit nombre de "savoir-faire clés". [...] Enfin, l'externalisation d'apprentissage consiste à acquérir de nouvelles compétences. L'idée est de travailler avec des fournisseurs afin de multiplier les sources d'apprentissage. »

Source : Mazaud et Lagasse [2009, p. 155-156].

---

décisions en matière de délocalisation/relocalisation ; le double mouvement de concentration (par exemple au sein d'une holding) et de déplacement du pouvoir managérial, lié notamment à des cessions ou à des acquisitions ; le développement de l'externalisation d'activités et des relations interentreprises, amenant la constitution de cascades de sous-traitants.

Ces transformations des structures des entreprises, accélérées par les évolutions technologiques, se caractérisent par une hybridation croissante entre le recours à la hiérarchie (ou aux contrats de travail) et le recours au marché (ou aux contrats commerciaux), « les entreprises devenant des assemblages composites dont le périmètre n'est pas destiné à être stabilisé, mais à évoluer en fonction du marché » [Tixier et Lemasle, 2000]. Elles s'inscrivent dans une dynamique plus générale de mise en réseau de l'entreprise. Ainsi que la caractérisent Antoine *et al.* [2006], l'entreprise en réseau voit l'intervention d'un nombre croissant de partenaires d'affaires (qui se substituent à la hiérarchie), se caractérise par une hybridation des mécanismes de coordination du travail et par une redéfinition permanente des formes d'organisation.

Les organisations « classiques », pour ne pas dire « bureaucratiques », étant jugées trop « pyramidales » [Centre de perfectionnement aux affaires, 2002], les organisations matricielles, les organisations en mode projet, le management par les processus ou encore les pratiques d'aplatissement des structures se développent et s'enchevêtrent, l'organisation étant en permanence remise sur le métier. Aux organisations matricielles se greffent de multiples structures-projets qui visent à accroître la réactivité de l'entreprise qui « se tourne vers ses clients ». S'ajoutent encore les démarches de qualité totale, les modèles de *lean production* ou de *just-in-time*, dans des quêtes multiples d'une organisation dite « agile ».

Les restructurations s'inscrivent ainsi dans un mouvement de constitution d'entreprises réseaux, caractéristique selon Boltanski et Chiapello [1999] du « nouvel esprit du capitalisme », en tout cas du modèle de management des années 1990 tel qu'il est prôné par les discours managériaux de cette décennie, dans lequel se retrouve l'« attention obsessionnelle à l'adaptation, au changement, à la flexibilité ».

Les restructurations, fruit de décisions intentionnelles

Tout en étant inscrites dans des processus permanents de transformations des organisations, les restructurations, en particulier quand elles sont accompagnées de suppressions d'emplois, sont le fruit de décisions intentionnelles, souvent annoncées. Il est néanmoins difficile d'identifier le point de départ d'une restructuration, tant il s'agit d'un processus continu, des décisions en appelant d'autres [Paucard, 2008] et s'enchevêtrant les unes aux autres. Si des annonces de suppressions d'emplois peuvent apparaître comme des événements ponctuels, les processus de restructuration sont quant à eux inscrits dans la durée.

Le propre de ces transformations est d'être liées à des décisions prises par les dirigeants des organisations, de façon intentionnelle, en vue de rétablir ou d'améliorer la performance, par contraste avec des forces de long terme de changements structurels et d'évolutions économiques. La notion de restructuration introduit celle de rupture par rapport à une organisation antérieure, par rapport à une localisation antérieure, par rapport à une stratégie antérieure, ou dans la relation que l'entreprise entretient avec ses parties prenantes. Restructuration n'est donc pas assimilable à changement.

Si, pour Séverin [2006, p. 15], « la restructuration peut être appréhendée comme le processus de renégociation par lequel la firme change et adapte les termes de ses contrats avec les parties prenantes », ajoutons que ces renégociations se traduisent par des ruptures à plusieurs niveaux (organisation, travail, emploi, localisation, etc.) et s'inscrivent dans des stratégies intentionnelles — éventuellement subies — qui visent à améliorer ou à restaurer la performance de l'organisation. Ces stratégies correspondent à des décisions dont les motifs et les logiques peuvent différer d'une situation à l'autre, d'une organisation à l'autre.

Différents registres de décisions

Les restructurations impliquent plusieurs types de décisions qui s'articulent entre elles sans toutefois se succéder de manière séquentielle et linéaire. Beaujolin-Bellet, Bruggeman et Paucard [2006] proposent de distinguer six « registres de décisions » qui s'inscrivent dans quatre « espaces emboîtés ». Les six registres sont ainsi définis :

— la définition des périmètres externes et internes de l'organisation : les décisions de délocalisation, d'externalisation, de filialisation, de cession ou de cessation d'activité entrent dans cette catégorie ;

— l'allocation des ressources ou activités au sein de l'organisation : l'attribution de volumes de production à une usine, ou encore les décisions d'investissement ou de non-investissement dans un établissement en sont des exemples ;

— la détermination d'un niveau d'effectif cible ou d'un niveau de sureffectif ;

— la détermination des lieux du sureffectif (quels sites, quels services, quels postes sont concernés ?) ;

— le choix des modalités de gestion du sureffectif : plan de sauvegarde de l'emploi, départs volontaires, départs naturels, dispositifs de préretraites, etc. ;

— la sélection des salariés concernés par ces mesures.

Les auteurs identifient alors plusieurs caractéristiques des décisions de restructuration. D'une part, les restructurations ne sont pas le fait d'une décision unique, isolée, événementielle, mais bien le fruit d'un enchevêtrement de décisions, sans qu'il soit toujours aisé de l'extérieur d'en identifier le fait générateur

Un exemple de décision « lointaine » et itérative

Un grand groupe de transport, implanté dans plusieurs pays, est en réorganisation permanente depuis de nombreuses années du fait d'une politique de forte croissance externe (doublement en dix ans). Le groupe est en bonne santé économique et financière, et dégage un résultat net de l'ordre de 5 % par an. Les salariés sont excédés par des restructurations récurrentes dont les finalités ne sont pas compréhensibles.

La filiale concernée par la restructuration est spécialisée sur un segment de marché et comprend deux établissements en France, l'un dans le Nord, l'autre dans le Sud, qui emploient ensemble une centaine de salariés, principalement des chauffeurs. La filiale, déficitaire, réalise l'essentiel de ses prestations en interne au groupe et ne maîtrise donc ni ses marchés ni ses conditions d'exploitation.

Après avoir transféré, six mois plus tôt, un quart de l'activité et de l'effectif de la filiale vers une autre filiale, le groupe décide de fermer l'un des deux établissements, celui du Nord, et d'effectuer un recentrage sur le site du Sud. Selon l'argumentaire présenté dans la note économique, il s'agit de faire face à une baisse d'activité liée à une plus grande sélectivité du portefeuille client et de réaliser une économie, le maintien de deux sites ne pouvant plus se justifier économiquement. La fermeture du site du Nord conduit à la suppression de quarante emplois.

et les différentes étapes, et sans que ces étapes se déroulent toujours de façon linéaire.

D'autre part, un contraste apparaît nettement entre les décisions stratégiques prises au niveau central des directions, souvent perçues comme très lointaines, et la mise en œuvre qui, elle, incombe aux acteurs locaux, qui vont devoir en gérer les conséquences. Non seulement les décisions de restructuration sont centralisées, mais la distance entre le centre de décision et le lieu d'application de la décision peut être très importante. Cette distance peut être géographique, mais aussi et surtout juridique et managériale (ce ne sont ni les mêmes sociétés, ni les mêmes responsables). Elle est également psychologique et peut être interprétée comme une mise à distance de décisions qui comportent des effets douloureux sur l'organisation et sur les individus, dimensions qui vont essentiellement reposer sur les acteurs managériaux locaux. Enfin, plus on descend dans le processus de restructuration, moins les étapes précédentes sont réversibles, chaque étape engendrant une sorte d'effet de cliquet ; et tandis que les premières étapes sont le seul fait de l'acteur direction, les dernières peuvent s'ouvrir à une pluralité d'acteurs, incluant par exemple représentants du personnel et représentants de l'administration du travail.

La justification des décisions : cause économique exogène ou décision stratégique ?

Au-delà d'une analyse descriptive et objective des décisions de restructuration, comment les décideurs en parlent-ils et quels types de justifications mettent-ils en avant pour les expliquer ?

Une première approche peut consister en une étude précise du discours développé par les dirigeants d'entreprise ayant mis en œuvre une opération de restructuration avec réduction des effectifs. C'est ce que s'emploient à faire Jacquot et Point [2001] qui, à partir d'une analyse lexicographique des discours des dirigeants dans les rapports annuels d'activité d'entreprises françaises et allemandes, mettent en évidence quatre rhétoriques types :

— la contrainte économique externe (les restructurations sont subies et dues à des causes externes liées au contexte économique dégradé) ;

— les conséquences des restructurations (la réduction des effectifs découle directement et logiquement d'une restructuration fondée sur une stratégie d'optimisation des coûts) ;

— la planification de la compétitivité (les restructurations sont mises en place dans la volonté d'améliorer la compétitivité future de l'entreprise) ;

— la négociation et l'accompagnement social (les réductions d'effectifs sont négociées et leurs modalités de mise en œuvre font l'objet d'un volet d'accompagnement social).

Les chercheurs observent par ailleurs que les stratégies d'expression des dirigeants sur les réductions d'effectifs portent bien plus sur les stratégies de mise en œuvre des restructurations que sur leurs motivations, ce qui leur permet de souligner les efforts réalisés par leur entreprise en matière d'accompagnement social plutôt que de revenir sur les motivations sous-jacentes à la décision même de restructurer et de réduire les effectifs. Une étude récente [Bourguignon et Guyonvarc'h, 2010], portant sur cent quarante cas de PSE survenus au démarrage de la crise économique de 2008 (septembre 2008-novembre 2009) et ayant donné lieu à l'intervention d'un expert auprès du comité d'entreprise, a montré que, dans près de 30 % des cas étudiés, la crise est présente dans l'argumentation de la décision, tandis que le projet de restructuration avait été évoqué avant ladite crise. Certains ont pu alors évoquer un « effet d'aubaine » lié au contexte de crise économique globale pour fournir une argumentation à des restructurations qui s'inscrivent plutôt dans une logique de recherche de compétitivité.

Les justifications des décisions de restructuration, lorsqu'elles sont accompagnées d'un plan social, peuvent aussi être lues au travers des argumentaires mis en avant à l'occasion de l'élaboration de ce plan. Boyer [2005] applique une analyse lexicale à douze projets de licenciements collectifs mis en place avant les lois de modernisation sociale de janvier 2002 et de programmation pour la cohésion sociale de janvier 2005. L'ensemble des projets reposent, de manière plus ou moins forte et plus ou moins explicite, sur un argumentaire du type : le contexte économique ou le marché ont engendré de mauvais résultats pour l'entreprise ; il faut donc rechercher des moyens d'améliorer la productivité ; et les licenciements en constituent un moyen, certes difficile, mais incontournable pour assurer la survie de l'entreprise [Boyer, 2005]. Ce raisonnement fait appel à trois catégories de justifications qui se combinent entre elles dans un « enchaînement machinique » et renvoient à certaines des grandeurs définies par Boltanski et Thévenot [1991] : une justification « marchande » (la dégradation du contexte économique, l'effondrement du marché, etc.), une justification « industrielle » (calcul d'un ratio de productivité et/ou de rentabilité) et une justification « civique » (les licenciements visent la survie de l'entreprise en tant que bien commun).

Dans les deux cas (discours du dirigeant ou argumentaire du projet de plan social), les justifications exprimées dans le cadre d'une restructuration sont le plus souvent exogènes, induisant l'idée d'un certain déterminisme — ou fatalisme — dans la décision prise, et contribuant ainsi à la rendre plus légitime et socialement plus acceptable... Au-delà, le discours reste conventionnel et codifié, et la nécessité de restructurer y apparaît plus comme « construite ». Ceci fait écho à la question du caractère « réel et sérieux » du motif économique des licenciements, encadré par la loi en France, et qui peut faire l'objet de vifs débats lorsque l'annonce d'un plan social vient s'entrechoquer avec l'annonce des bénéfices annuels de l'entreprise concernée.

Logique financière ou logique industrielle ?

Les logiques sous-jacentes aux décisions de restructuration sont désormais classiquement qualifiées soit de « logique financière », lorsqu'il s'agit de trouver les moyens de recouvrer ou améliorer des résultats financiers et économiques jugés insatisfaisants au travers d'un ajustement des effectifs, soit de « logique industrielle », lorsqu'il s'agit au contraire de dessiner une nouvelle organisation adaptée à un volume de production révisé à la baisse [Mallet et Teyssier, 1992].

La première logique, financière, repose sur un raisonnement à la fois séquentiel, linéaire et simpliste selon lequel une perte de productivité requiert une réduction des coûts, laquelle est calculée sur la base d'un ratio entre le chiffre d'affaires et l'effectif, ce qui permet de définir très sommairement mais aisément le nombre d'emplois à supprimer, en vue d'accroître la rentabilité. La décision est prise le plus souvent dans l'urgence et ses effets sont immédiats (ce qui ne signifie pas pour autant qu'ils soient durables...). La seconde logique, industrielle, est de nature plus systémique au sens où elle met en lien une recherche de compétitivité à moyen ou long terme, avec une révision de l'organisation, de nouveaux objectifs de production et leurs conséquences en termes de nombre et de type d'emplois nécessaires (critères quantitatifs, mais aussi qualitatifs). La décision est réfléchie et sa mise en œuvre est planifiée en plusieurs temps, voire de manière permanente.

Noël [2004] propose d'aller plus loin en dessinant sur deux axes quatre logiques présidant aux stratégies de gestion des sureffectifs. Le premier axe oppose des décisions fondées sur une réponse au déclin des marchés et des décisions surdéterminées par les pressions institutionnelles qui s'exercent sur les dirigeants ; le second axe oppose des décisions qui s'appuient sur une analyse de l'organisation productive et des décisions « réflexes » ou « routines ». Quatre logiques ressortent de cette matrice : une logique de mimétisme, une logique de déclin, une logique d'optimisation et une logique de routine.

Figure 4. **Typologie des logiques menant à l'identification de sureffectifs**

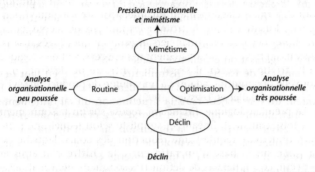

Source : Noël [2004].

Des processus de décision complexes

Les outils de gestion jouent un rôle normalisant et standardisant dans les processus de décision en matière de restructurations accompagnées de suppressions d'emplois. Ces décisions ne s'apparentent pas nécessairement à des processus ou des calculs économiques rationnels. À l'instar de Noël [2004], d'autres travaux récents mettent en lumière cette dimension institutionnelle et mimétique de ces décisions.

L'identification d'un sureffectif et le poids des instruments de gestion

Dès la fin des années 1980, Mallet dénonce le manque d'analyse et de concertation dans la détermination du sureffectif par les directions d'entreprise [Mallet, 1989]. L'identification de ce sureffectif, qui s'inscrit essentiellement dans une logique financière simpliste telle que décrite plus haut, relève plus de la construction sociale que de l'analyse systémique de critères de productivité, d'organisation du travail, de formation, de compétences, etc. Or le lien entre les gains de productivité et l'identification du sureffectif n'est ni simple ni immédiat : il dépend fortement des changements en termes d'organisation du travail, des compétences des personnes qui restent et qui partent, et de la manière dont l'entreprise fonctionnera avec un effectif réduit. Dans la plupart des cas, l'organisation du travail et de la production est considérée comme une variable d'ajustement, alors qu'elle devrait être une variable d'action : on décide de réduire les coûts, *via* une réduction des effectifs, et on ajuste sur cette base l'organisation productive [Mallet, 1989].

Dans ces décisions, les instruments de gestion, en tant que méthodes de calcul conduisant à l'identification du sureffectif, jouent un rôle majeur dans la structuration du raisonnement : les instruments comptables et financiers amènent d'une part à se focaliser bien plus sur la dimension du coût du travail que sur ses dimensions par exemple de valeur ajoutée ; d'autre part, ils tendent à considérer l'emploi interne comme une variable d'ajustement privilégiée, mais aussi comme une charge fixe qui vient grever les perspectives de rentabilité, et faisant de l'emploi une variable d'ajustement, un maillon faible dans le cadre de politiques de rationalisation des coûts [Beaujolin, 1999]. Berton et Perez [2010] montrent ainsi que les outils de gestion, tels que des tableaux de bord ou de *reporting* pour le suivi de la rentabilité financière, la certification qualité et les flux tendus, se révèlent défavorables à l'emploi.

Mallet distingue trois niveaux d'analyse avec leurs outils correspondants : 1) le niveau stratégique (directions générales, directions stratégiques), où des méthodes globales de calcul de productivité du travail sont privilégiées, avec une comparaison éventuelle entre plusieurs sites d'une même entreprise et/ou avec des concurrents (démarche de *benchmarking* interne ou externe) ; 2) le niveau industriel (directions industrielles, bureaux d'ingénierie), où le calcul porte sur la rentabilité des investissements, souvent sur la base d'« approximations quantitatives », où le travail est considéré de manière indifférenciée (emplois similaires, individus interchangeables…) ; 3) le niveau de la mise en œuvre opérationnelle (managers, fonction ressources humaines locale), où un sureffectif apparaît compte tenu des changements dans l'organisation et le contenu du travail, de la qualification et des compétences de ceux qui sont partis et de ceux qui restent [Mallet, 1989].

Cette conception comptable des ressources humaines qui prime dans bien des cas, relayée par des instruments de gestion standardisés, ne tient pas compte de dimensions fondamentales telles que les compétences des individus et des collectifs de travail, les liens sociaux, les effets de mémoire, etc., dimensions oubliées qui contribuent largement à expliquer les résultats économiques mitigés, à moyen et long termes, des opérations de restructuration (voir chapitre III). Ainsi, les instruments de gestion contribuent à provoquer des décisions qui échappent en partie à leurs utilisateurs [Berry, 1983], ce qui peut d'ailleurs conduire à mettre en question leur éthique, en particulier lorsque les conséquences des décisions auxquelles ils mènent concernent les individus, leur emploi, leur identité profession- nelle et personnelle [Bourguignon, 2007].

Au-delà, la détermination du sureffectif et plus encore la détermination des lieux du sureffectif renvoient à des méca- nismes de construction sociale [Mallet, 1989], dans lesquels interviennent des considérations sociales et politiques. Par exemple, dans une logique de maintien de son image dans son pays d'origine, une direction d'entreprise pourra certes faire le choix de réduire ses effectifs, mais en dehors du pays d'implan- tation de son siège social.

Le poids et la diffusion de normes de saine gestion :
une décision mimétique ?

Lue au travers de la théorie néo-institutionnelle et du concept d'isomorphisme, l'organisation qui décide d'une restructura- tion est sujette à différents types de pressions ou de forces sociales qui la conduisent à adopter cette règle institution- nelle : des forces contraignantes ou coercitives (*constraining/coer- cive*), des forces mimétiques (*cloning/mimetic*) et des forces d'apprentissage (*learning/normative*) [McKinley *et al.*, 1995]. Les premières (*constraining*) s'exercent au travers de la diffusion de la restructuration comme une stratégie positive, qui n'est plus associée à une situation de déclin, source de compétitivité et de « revitalisation » pour les entreprises, à une époque où le mythe du *big is beautiful* est désormais dépassé et remplacé par une exhortation au *lean-management*, aux structures simples et plates, au *reengineering* des processus, tant et si bien que ces nouveaux slogans contribuent à instaurer le *downsizing* comme la nouvelle « loi », slogans efficacement relayés par le comporte- ment médiatisé des marchés financiers qui réagissent positive- ment à l'annonce de plans de restructuration et récompensent les dirigeants par des incitations financières. Le second type de forces (*cloning*) désigne le processus par lequel les restructurations se diffusent par effet mimétique, dans un contexte d'incertitude forte qui pousse les dirigeants à imiter les décisions de leurs homologues, faisant l'hypothèse que leur stratégie est la bonne et montrant ainsi qu'ils sont en phase avec les entreprises comparables et qu'ils agissent pour traiter les problèmes. Enfin, les forces du type *learning* sont celles qui, par le biais des formations, de l'enseignement, des groupes d'échange et de réflexion de professionnels, favorisent la diffusion de pratiques comme le *downsizing* : la valorisation des parcours de dirigeants ayant opéré de nombreuses restructurations avec suppressions d'emplois par exemple, ou encore l'enseignement des techniques de comptabilité/contrôle des coûts [McKinley *et al.*, 1995]. Dans cette perspective institutionnaliste, l'ensemble de ces trois forces sociales conduiraient les entreprises, dans leur quête d'amélioration de leur légitimité et de réduction de l'incertitude, à adopter des stratégies de « dégraissage ».

À un niveau d'analyse plus fin, la perspective sociocognitive permet de mieux comprendre les mécanismes qui expliquent cette institutionnalisation des pratiques de restructuration parmi les dirigeants d'entreprise : d'une phase où les solutions alternatives au *downsizing* étaient privilégiées, on serait passé à une phase où le *downsizing* serait réifié, perçu comme efficace, inévitable et permanent. La décision de restructurer n'est alors plus considérée comme un acte délibéré de gestion, mais comme une réalité externe incontrôlable [McKinley *et al.*, 2000]. Cette vision des restructurations paraît d'ailleurs particulièrement cohérente avec la manière dont les dirigeants argumentent pour justifier leurs décisions, en faisant appel à des raisons exogènes, présentées comme non maîtrisables et irréversibles...

Des processus contingents : gouvernance, temporalité, proximité

Finalement, si la logique financière et le raisonnement en termes d'optimisation des coûts prévalent dans les opérations de restructuration, il convient aussi de souligner l'existence de décisions moins standardisées, moins construites, moins institutionnelles, voire plus innovantes. Les contextes de restructuration, les modes de gouvernance, les types de rapports au temps, les valeurs des dirigeants et des organisations sont autant de facteurs qui peuvent expliquer une telle diversité. En particulier, les entreprises familiales, les petites et moyennes entreprises diffèrent-elles sensiblement des grands groupes multinationaux en matière de processus de décision de restructuration ?

Peu nombreuses sont les études empiriques qui pourraient en attester. Néanmoins, les entreprises familiales sont réputées assurer une continuité et une stabilité de l'emploi en leur sein plus solides que celles des entreprises à gouvernance actionnariale. Plus précisément, au cours de périodes économiques difficiles, même si elles en subissent les effets, les entreprises familiales sont moins enclines à licencier leurs salariés [Lee, 2006]. Les hypothèses avancées pour expliquer cet état de fait renvoient au type de relation d'emploi que ces entreprises développent, à la temporalité plus longue qu'elles privilégient dans leurs critères de décision et dans leurs actions [Allouche *et al.*, 2008], à leurs objectifs en termes de pérennité, de stabilité, de préservation de leur capital et de leur réputation, mais aussi à la confiance qui prévaut dans ce type d'organisation [Allouche et Amann, 2008]. Une lecture à l'aune de la théorie des parties prenantes conduirait à dire que les entreprises familiales ont un engagement intrinsèque envers leurs salariés et la communauté en tant que parties prenantes. Cet engagement s'exprimerait sous la forme de pratiques de gestion particulièrement responsables et les inciterait à vouloir transmettre ces valeurs à la société et aux générations successives dans l'entreprise [Stavrou *et al.*, 2006].

L'effet « taille » des organisations est sans doute également important à prendre en compte, dès lors que l'on considère le problème fréquent de l'éloignement des décisions stratégiques exogènes et des choix de gestion endogènes tels que décrits plus haut. On peut valablement supposer qu'une entreprise indépendante de taille moyenne épouse moins facilement un raisonnement mécanique guidé par quelques ratios de gestion et tente de trouver, en situation critique, des solutions locales qui tiennent compte des caractéristiques qualitatives de la main-d'œuvre, des enjeux sociaux, culturels et sociétaux d'une opération de restructuration. Cette proximité peut être à double tranchant pour le dirigeant de PME qui doit se résoudre à annoncer et mettre en place un plan de réduction des effectifs et qui en éprouve souvent une grande souffrance compte tenu des liens étroits entretenus avec les salariés [Torrès, 2010]. En revanche, une entreprise de taille moyenne appartenant à un grand groupe multinational se trouve dans un rapport de faiblesse par rapport aux décisions prises au niveau central, même si la négociation peut porter ensuite sur les modalités de mise en œuvre de l'opération.

En conclusion, comme le souligne Noël [2004], un lent processus de banalisation des restructurations accompagnées de suppressions d'emplois a pu s'installer, ces dernières devenant des pratiques courantes. Si elles peuvent être devenues courantes et universelles dans les pratiques de gestion des entreprises, elles n'en demeurent pas moins productrices de ruptures, en tout cas quand elles sont accompagnées de suppressions d'emplois [Guyonvarc'h, 2008]. Et, dans leur mise en œuvre (mais aussi dans leurs effets sur les organisations et sur les individus), les restructurations accompagnées de suppressions d'emplois soulèvent nombre de problèmes, qui en font parfois des événements et des processus complexes aux implications multiples, venant déstabiliser l'ensemble des acteurs qui y sont pris. Il s'agit alors d'appréhender les façons dont les restructurations accompagnées de suppressions d'emplois se mettent en œuvre, ce qui implique que soient pris en compte les contextes juridiques, sociaux et culturels dans lesquels elles s'inscrivent.

II / La mise en œuvre des restructurations accompagnées de suppressions d'emplois

Si les restructurations et leurs processus de prise de décision ont une dimension universelle, leurs modalités de mise en œuvre comportent une forte dimension contingente. Le cadre juridique et la nature du système de relations professionnelles, ou encore le système de régulation sociale (au niveau national, au niveau d'une branche, au niveau d'un territoire, au niveau d'une organisation) déterminent plus ou moins les jeux d'acteurs et les compromis sociaux liés à la mise en œuvre de licenciements collectifs et, plus généralement, de suppressions d'emplois. Il nous faut, pour appréhender cette phase des processus de restructurations accompagnées de suppressions d'emplois, l'inscrire dans ces contextes économiques, juridiques et sociaux. Le regard se portera ici essentiellement sur le cas français, en introduisant ponctuellement des exemples tirés d'autres contextes nationaux.

Les restructurations, un phénomène à analyser de façon encastrée : l'apport de typologies

Avec la notion d'encastrement (*embeddedness*), Granovetter [1985] invite à analyser les rationalités des acteurs et les logiques d'action en tenant compte des contraintes institutionnelles ou relationnelles dans lesquelles les individus sont pris. Une première façon d'adopter une vision encastrée des pratiques de restructurations accompagnées de suppressions d'emplois consiste à les inscrire dans la diversité des systèmes de relations professionnelles, en considérant notamment la place accordée à la négociation sociale. En effet, comme le rappellent Morin et Vicens [2001], la directive européenne sur les licenciements économiques comporte une obligation principale, celle de dialogue social. Néanmoins, cette obligation se déploie de façon différenciée selon les systèmes de relations professionnelles des différents pays, amenant à distinguer trois « modèles normatifs de responsabilité des acteurs » : un modèle de responsabilisation de l'employeur sous le contrôle du juge (France), un modèle dialectique entre l'employeur et les représentants des salariés (Allemagne, Italie), et un modèle d'intervention de l'administration (Espagne).

Selon Gazier [2008], ce travail comparatif peut aussi être mené à l'aune de l'analyse des différents « régimes d'ajustement », en lien avec le rôle des politiques publiques dans la régulation de l'emploi. Il distingue trois types de régimes d'ajustement de la force de travail en fonction de leur forme dominante : ceux qui sont centrés sur le coût du travail, avec une prédominance des marchés externes (par exemple, le Royaume-Uni), ceux qui se focalisent sur le volume de travail ou de travailleurs, avec une prédominance des marchés du travail internes (par exemple, la Belgique), et ceux qui visent avant tout à valoriser la qualité du travail et les compétences, avec une prédominance des marchés du travail professionnels (par exemple, la Suède). Dans le premier cas, les politiques publiques de l'emploi jouent un rôle limité, tandis qu'elles jouent un rôle important dans les deux autres. Cette grille de lecture, appliquée à l'analyse de la régulation des restructurations, conduit Gazier [2008] à distinguer trois types de « régimes d'ajustement » des restructurations : un « régime de marché » (les mesures d'accompagnement sont centrées sur une logique indemnitaire, et le contrôle porte avant tout sur le respect de règles de discrimination) ; un « régime administré » (les mesures d'accompagnement tendent à préférer les préretraites, et le contrôle s'effectue surtout par la nécessité de justifier la décision de licencier) ; enfin, un « régime négocié » (les mesures d'accompagnement se concentrent sur un accompagnement individualisé des transitions professionnelles à l'appui d'aides collectives, et le levier principal de contrôle est la négociation sociale). La France se situerait dans le « régime administré », avec néanmoins la particularité de pencher parfois vers une préférence pour la logique indemnitaire.

Le cadre juridique des licenciements collectifs pour motif économique et le plan de sauvegarde de l'emploi

Nombre d'observateurs et d'experts des restructurations s'accordent sur un point : le système français de régulation sociale des restructurations, incarné notamment par le « plan de sauvegarde de l'emploi » (PSE), est tout à la fois complexe et compliqué, sans qu'il apporte pour autant la preuve de son efficacité, par exemple en termes de trajectoires professionnelles pour les personnes concernées. Ray [2009, p. 348] résume la situation : « Notre cher "modèle social français" cumule procédures abracadabrantesques dans une atmosphère de crise pour les entreprises, grand sentiment d'insécurité sociale pour les salariés, et taux de chômage à 10 % pour tout le monde. »

Comme le rappelle François-Philip Boisserolles de Saint-Julien [2010], les décennies 1970-2000 ont été marquées, de l'accord interprofessionnel du 10 février 1969 à la loi du 18 janvier 2005 dite de cohésion sociale, par une succession de lois qui, les unes après les autres, précisent la définition du motif économique de licenciement, définissent les conditions de consultation des représentants du personnel, voire de négociation d'accords collectifs, et introduisent des obligations pour l'employeur en matière de reclassement des salariés et de revitalisation des bassins d'emploi concernés. Dans le même temps, le cadre juridique sur la gestion prévisionnelle des emplois et des compétences (GPEC) a suivi une évolution parallèle à celui sur les PSE, le législateur cherchant, au travers de cette appellation qui recouvre des réalités diverses, à inciter les employeurs à déployer des démarches de gestion anticipée des mutations et de leurs effets, et à internaliser la gestion de l'emploi.

Le licenciement collectif pour motif économique

Le droit du travail définit le licenciement pour motif économique de la façon suivante : « Licenciement effectué par un employeur pour un ou plusieurs motifs non inhérents à la personne du salarié, résultant d'une suppression ou d'une transformation d'emploi ou d'une modification, refusée par le salarié, d'un élément essentiel du contrat de travail, consécutives notamment à des difficultés économiques ou à des mutations technologiques » (L. 1233-3). Un motif économique de licenciement n'est donc pas un motif personnel. Il est en outre défini comme étant lié soit à des difficultés économiques, soit à des mutations technologiques, soit, comme le précise Ray [2009], depuis l'arrêt Vidéocolor du 5 avril 1995, à la sauvegarde de la compétitivité économique de l'activité. Cette cause doit être « réelle et sérieuse ». Pour autant, comme le rappelle Goux [2006], il n'existe pas de définition juridique de la difficulté économique. Au regard de la jurisprudence en la matière, elle renvoie à une détérioration du résultat et du chiffre d'affaires, à un endettement important, à des pertes financières et à une baisse de rentabilité, ou encore à la cessation totale et définitive de l'entreprise. Ces difficultés économiques doivent être durables et importantes. Une réorganisation préventive peut constituer un motif économique valable dans une entreprise qui serait par exemple rentable, mais à la condition qu'elle soit menée afin de sauvegarder sa compétitivité, et non de l'accroître. La distinction peut être ténue : il a pu être jugé que la diminution de la masse salariale sans autre explication, l'accroissement du profit ou la fermeture d'un site qui ne mettait pas en péril la compétitivité de l'entreprise n'étaient pas des motifs suffisants pour être qualifiés de réels et sérieux [Goux, 2006]. Enfin, la cessation totale et définitive de l'entreprise peut constituer un motif économique de licenciement, mais à nouveau si cette dernière est justifiée.

En France, les procédures légales de licenciement pour motif économique diffèrent ensuite selon le nombre de licenciements et selon la taille de l'entreprise. Trois configurations sont à distinguer. Le licenciement individuel pour motif économique s'apparente dans son processus au licenciement pour motif personnel (convocation à un entretien préalable, entretien préalable, notification motivée du licenciement, puis information à l'inspection du travail). Le « petit licenciement » [Ray, 2009] s'applique quand deux à neuf salariés sont licenciés pour motif économique sur une période de trente jours : il implique une procédure d'information-consultation (une réunion) du comité d'entreprise ou, à défaut, des délégués du personnel, avant la convocation des salariés concernés auxquels sera proposée l'adhésion à une convention de reclassement personnalisée (CRP) ou à un contrat de transition professionnelle (CTP). Dans le cas où une entreprise de cinquante salariés et plus

**Les motifs
des licenciements collectifs :
des définitions variées
en Europe**

Allemagne : la loi ne précise pas des raisons recevables. Des difficultés opérationnelles peuvent être considérées comme suffisantes pour justifier un licenciement collectif, à condition que le comité d'entreprise soit informé et consulté. Ce dernier doit donner son accord concernant la sélection des salariés licenciés. Si un accord n'est pas obtenu avant l'annonce officielle, le comité d'entreprise peut formuler des observations auprès de l'administration du travail.

Belgique : les employeurs doivent justifier auprès des salariés ou de leurs représentants les suppressions d'emplois prévues.

Espagne : les licenciements peuvent être justifiés par plusieurs raisons : problèmes financiers, changement technologique, changement organisationnel, problèmes de production ou de marché.

Italie : la législation nationale exige que les licenciements collectifs soient justifiés en termes de diminution d'activité, de changement ou de cessation d'activité.

Norvège : les licenciements doivent être « objectivement justifiés », et l'employeur doit démontrer qu'il ne peut pas proposer un autre emploi en interne aux personnes concernées.

Pologne et Roumanie : les employeurs doivent justifier les licenciements collectifs, mais les raisons recevables ou non ne sont pas précisées.

Royaume-Uni : le licenciement économique est défini comme un licenciement non inhérent à la personne du salarié. Dans la pratique, les raisons sont soit de l'ordre des difficultés économiques, soit de l'ordre de la réorganisation du travail.

Source : EMCC, www.eurofound.europa.
eu/emcc/erm/comparativeinformation.htm
(consulté le 15 février 2011).

licencie pour motif économique dix salariés et plus sur une période de trente jours, une procédure de « grand licenciement économique » doit être mise en œuvre, donnant lieu à un plan de sauvegarde des emplois.

Par ailleurs, l'employeur est assujetti à une obligation de reclassement interne, le licenciement pour motif économique ne pouvant survenir que « lorsque tous les efforts de formation et d'adaptation ont été réalisés, et que le reclassement de l'intéressé ne peut être opéré dans l'entreprise, ou dans les entreprises du groupe auquel l'entreprise appartient » (article L. 1233-4). Cette obligation est assortie d'une façon plus générale d'une « obligation permanente d'adaptation des salariés » [Kerbourc'h, 2007], qui demeure relativement vague.

Les principales obligations de l'employeur lors de la préparation et de la mise en œuvre d'un PSE

La réalisation de licenciements collectifs pour motif économique implique la mise en œuvre, en France, d'un « plan de sauvegarde de l'emploi », dit « PSE », qui comporte des obligations en matière d'information-consultation du comité d'entreprise et en matière de mesures de reclassement interne et externe. Son objet est, dans les textes, d'éviter les licenciements ou d'en limiter le nombre (d'où l'appellation de « sauvegarde ») et de faciliter le reclassement des salariés dont le licenciement ne peut être évité.

La procédure d'information-consultation du comité d'entreprise se déroule en deux temps et porte en premier lieu sur les motifs économiques du projet de restructuration accompagné de suppression d'emplois. Pour cela, l'employeur doit fournir un argumentaire accompagné des informations nécessaires aux représentants du personnel (comité d'entreprise ou, à défaut, délégués du personnel), lesquels peuvent demander l'avis d'un expert extérieur. Cet expert relève d'un des cabinets spécialisés dans l'appui-conseil aux comités d'entreprise, travaillant essentiellement avec des syndicats et relevant de l'expertise comptable. Appuyés par l'expert, les représentants du personnel peuvent être amenés à contester la cause du licenciement et/ou à énoncer une alternative économique.

Les élus du comité d'entreprise doivent être les premiers informés du projet de restructuration accompagné de suppression d'emplois, au risque pour l'employeur de se trouver en situation de délit d'entrave. Dans les cas de réorganisation ou de restructuration sans licenciements, il n'y aura pas de mise en place d'un PSE à proprement parler, mais l'employeur doit consulter les représentants du personnel sur ce changement, au titre de leurs prérogatives générales.

La procédure d'information-consultation porte en deuxième lieu sur les contenus du PSE que l'employeur envisage de mettre en œuvre pour éviter les licenciements ou en limiter le nombre. Le PSE se définit alors comme un plan de reclassement interne, voire de reclassement externe, accompagné d'une série d'actions telles que : mesures de réduction et d'aménagement du temps de travail, actions de reclassement interne, actions de soutien à la création d'activités nouvelles, actions de formation et de validation des acquis de l'expérience, actions d'aide à la mobilité géographique, mais aussi cellules de reclassement, actions d'aide à la création d'entreprise ou à l'essaimage, cessations anticipées d'activité, primes supraconventionnelles, etc.

Ce volet traite en outre de l'ordre des licenciements, soit des critères qui seront appliqués pour déterminer les personnes concernées par le licenciement pour motif économique. En principe, cette sélection doit s'opérer sur des critères objectifs, prenant en compte la situation familiale des personnes, l'ancienneté ou l'âge. De fait, sont intégrées dans bien des cas des dimensions plus subjectives liées à l'évaluation des personnes et à leurs compétences [Petrovski *et al.*, 2008]. Sur ce volet aussi, dit social, les représentants du personnel peuvent recourir à l'avis d'un expert.

Soulignons qu'il s'agit bien là d'une procédure d'information-consultation amenant à l'énoncé, par les élus du comité d'entreprise, d'un avis, lequel, s'il est par exemple négatif, ne vient pas entamer la décision prise par l'employeur, sous réserve bien sûr de son caractère légal.

Ainsi, résume Legrand [2002], le droit français du licenciement collectif traduit trois principes essentiels : le droit des représentants du personnel à la discussion (avec l'aide d'experts) ; le droit à une régulation de la sélection des victimes (l'ordre des licenciements) ; et le droit à la définition (plus ou moins négociée) des alternatives au licenciement (le « PSE » proprement dit).

La régulation administrative et juridique des licenciements pour motif économique

Jusqu'en 1986, les directions départementales du travail avaient la mission d'autoriser — ou non — les licenciements pour motif économique, autorisation administrative issue de la loi du 3 janvier 1975. Au cours de cette période, l'État a tenu un rôle prépondérant dans la régulation sociale des licenciements collectifs. À la suite de la suppression de cette autorisation administrative, l'inspection du travail s'est vu attribuer de nouvelles missions, néanmoins dans une tendance générale au retrait de l'État sur ces dossiers. Elle est en charge de contrôler le respect de la procédure d'information-consultation et le contenu du plan de sauvegarde des emplois, et peut dresser des constats de

Le cas de La Samaritaine

Dans une monographie détaillée du cas de la fermeture de La Samaritaine, les auteurs montrent comment la revendication d'un droit à l'information-consultation a pu aller jusqu'à la mobilisation de ce droit devant le juge. En l'occurrence, lorsque la direction annonce en 1993 un projet de plan social prévoyant le licenciement de 121 salariés, le comité d'entreprise attaque le plan social et demande la nullité de la procédure. Cette action donnera naissance, quatre ans plus tard, à la reconnaissance des droits des salariés par des arrêts de la Cour de cassation (« arrêts Samaritaine »). L'action du CE, assisté par un avocat, a permis de faire constater en justice l'absence de plan social conforme aux dispositions légales et donc la nullité de la procédure de licenciement. Entre-temps, la direction a procédé aux licenciements. Parallèlement aux actions du CE, des salariés ont poursuivi la direction et obtenu en 1997 de la Cour de cassation la nullité de leur licenciement sur la base de la nullité de la procédure de licenciement du fait des insuffisances du plan social et de l'information du CE. Cet arrêt a conduit à la réintégration de tous les salariés concernés par le licenciement collectif.

Source : d'après Chollet et Didry [2007].

carence en cas par exemple d'insuffisance du contenu du PSE. Pour cela, elle évalue la validité du PSE en l'appréciant « au regard des moyens dont dispose l'entreprise, l'unité économique et sociale ou le groupe ».

À la suite de la suppression de l'autorisation administrative de licenciement, le juge est devenu une instance plus importante de régulation du marché du travail concernant les licenciements collectifs pour motif économique [Balmary, 2004]. Le juge est animé par le constant souci de faire un arbitrage entre le pouvoir de gestion de l'employeur et la protection de l'emploi [Decoopman et Lefebvre, 2001]. Pour cela, le juge use de la faculté qu'il a d'interpréter la loi. Quelques cas (La Samaritaine, Wolber...) ont ainsi défrayé la chronique pour avoir amené, après de longs mois de procédure, à une décision de nullité de la procédure prononcée par le juge.

L'intervention du juge peut être synonyme de grandes victoires pour les salariés et leurs représentants, et de grandes craintes pour les représentants des directions. Elle est ainsi souvent décriée dans les milieux patronaux, car elle représente le scénario du pire en termes de maîtrise des délais, des coûts et de l'incertitude liés à la mise en œuvre de projets de restructuration accompagnés de suppressions d'emplois. Pourtant, si l'on

La place de la négociation dans les autres pays européens

En Allemagne, direction et représentants du personnel doivent en premier lieu trouver un compromis sur le volet économique de la restructuration. En cas d'échec, la direction est obligée de négocier un plan social avec le conseil d'entreprise. Elle y est fortement incitée car, en cas de blocage, la négociation se poursuit en comité de conciliation composé à égalité de représentants de la direction et de représentants des salariés, et présidé par un juge arbitre qui a le pouvoir de trancher le litige lorsqu'il ne parvient pas à concilier les parties.

En Espagne, l'intervention de l'administration incite à trouver un accord. L'employeur doit en effet ouvrir une phase de consultation en vue d'aboutir à un accord avec le syndicat majoritaire, à la fois sur le volet économique et sur le volet social du projet de licenciement collectif. Si aucun accord n'est conclu dans les trente jours, l'administration a le pouvoir d'autoriser ou non les licenciements. La conclusion d'un accord permet donc à l'employeur de se prémunir contre l'incertitude associée à l'autorisation administrative.

En Italie, l'incitation est de nature financière : l'entreprise qui procède à des licenciements collectifs doit verser neuf mois de salaire par salarié licencié à l'agence en charge de l'indemnisation des chômeurs. Ce montant est réduit à six mois lorsque la direction parvient à un accord avec les organisations syndicales.

Source : d'après Chassard *et al.* [2002].

s'en tient aux données de la Dares [2006], seuls 4 % des PSE donneraient lieu à une action en justice. D'autres études vont dans ce sens, qui montrent que le juge n'a pas le pouvoir de se substituer à l'employeur et que le contentieux relatif aux licenciements diminue depuis deux décennies [Gomel *et al.*, 2009].

Les accords de méthode

À la suite du retrait de l'État, dans son intervention administrative, l'axe privilégié à partir de la moitié des années 1980 a été, en France, le renforcement du dialogue interne à l'entreprise. Cette évolution va dans le même sens que celle connue par le droit communautaire qui invite les États membres, et ce de façon chronique depuis le milieu des années 1970 (la première directive en ce sens date du 17 février 1975), à se doter de cadres juridiques en matière de restructurations accompagnées de suppressions d'emplois, consistant en une négociation en vue d'aboutir à un accord.

En France, dans un contexte à la fois de frilosité et de tâtonnements en matière de négociation collective sur les restructurations, la loi a en premier lieu invité les entreprises à négocier des accords de méthode à titre expérimental (loi du 3 janvier 2003) avant d'en stabiliser la possibilité (loi du 18 janvier 2005).

Ces accords répondent à un double objectif : organiser la méthode et le calendrier d'information des représentants du personnel, et donner à l'avance des éléments de contenu de l'éventuel futur PSE. De ce fait, ils peuvent permettre, du point de vue de l'employeur, de sécuriser la procédure d'information-consultation en limitant *a priori* les aléas judiciaires qui y sont liés. Du point de vue des représentants du personnel, comme l'ont observé Petrovski et Paucard [2006], la négociation d'un accord de méthode peut être l'occasion d'obtenir des contreparties procédurales (des délais plus longs, des réunions, des budgets, des heures de délégation supplémentaires, etc.), mais aussi des contreparties substantielles (par exemple, dispositifs de reclassement précisés, engagements sur des investissements futurs, etc.). Ces accords de méthode, quand ils sont signés, semblent en outre autoriser un renforcement du dialogue social et de la qualité des informations dont disposent les représentants du personnel.

Dans un contexte français qui favorise peu les négociations sur les restructurations, l'expérience des accords de méthode peut contribuer, comme l'ont montré Garaudel *et al.* [2008] en s'appuyant sur les travaux de Walton et McKersie [1965], à produire les conditions d'une négociation intégrative (dont la fonction est de trouver des intérêts communs aux deux parties et de résoudre les problèmes de façon conjointe) tandis que le déroulement classique d'un processus de restructuration invite généralement à des négociations de nature distributive (dont la fonction est de résoudre de purs conflits d'intérêts). Pourtant, à la question « Peut-on négocier l'emploi dans l'entreprise ? », Colin [2001] répond en constatant que la négociation ne porte guère sur le volet économique de l'emploi (décision de supprimer des emplois ou non), mais bien sur le volet social (modalités d'accompagnement), illustrant ainsi la « difficulté du système de relations professionnelles à se réorienter vers des modes de négociations nouveaux qui influeraient sur la modernisation des entreprises ».

Un accord de méthode dans une entreprise du textile

Confrontée à de fortes difficultés économiques qui menaçaient sa survie à court terme, l'entreprise est contrainte de procéder à un ajustement de ses effectifs. Toutefois, cette opération a été conduite en développant et en maintenant un dialogue social de très haute tenue.

Le processus de restructuration s'est déroulé sans que le dialogue s'interrompe et en limitant la multiplication de dysfonctionnements immédiats qui auraient probablement condamné l'entreprise. Un accord de méthode obligeait les parties à s'écouter, puis à s'entendre, et fixait le recours à un médiateur. De cette manière, il leur a été possible d'établir un diagnostic partagé des difficultés rencontrées par l'entreprise, et potentiellement par ses salariés. Un projet économique crédible a ainsi pu émerger, prévoyant le maintien d'une activité en France. Enfin, le fait d'avoir pu dépassionner en amont la discussion a permis de concevoir un PSE témoignant d'une abondance de mesures d'accompagnement et faisant passer le problème de l'emploi devant celui de l'indemnisation des salariés.

Source : Garaudel *et al.* [2005].

PSE, GPEC ou GPPSE ?

Dans ce contexte et malgré les critiques initiales, le législateur (loi du 18 janvier 2005) a repris l'expression « gestion prévisionnelle de l'emploi et des compétences » (GPEC) pour obliger les grandes entreprises et les branches professionnelles à une négociation triennale sur l'emploi (selon la nouvelle rédaction de l'article L. 132-27 du code du travail). Par rapport aux textes précédents, un lien est clairement affirmé entre la gestion de l'emploi et des compétences, et la prévention des « conséquences des mutations économiques ». Ce texte fait suite à plusieurs rapports d'experts qui ont plaidé pour une gestion anticipée des effets des restructurations [Aubert, 2002].

Selon la recension qu'en fait la Délégation générale à l'emploi et à la formation professionnelle (DGEFP), sur les trois cents accords de GPEC signés en 2008, 80 % sont des accords signés « à froid » (sans perspectives ou menaces de suppressions d'emplois), tandis que les autres l'ont été « à tiède » ou « à chaud », pouvant alors être assimilés à des formes de « GPPSE » (gestion prévisionnelle des PSE). D'après l'analyse qu'en proposent Dietrich et Parlier [2007], ces accords renvoient à la volonté d'anticiper, d'organiser la transmission de compétences et/ou de sécuriser les trajectoires professionnelles. Pour cela, ils agrègent une large panoplie d'outils de gestion, souvent préexistants, mais ici ordonnés autour de la finalité d'anticipation (observatoires des métiers, dispositifs de validation des acquis de l'expérience, tutorat, référentiels métiers, cartographies des emplois, bilans de compétences, espaces mobilité, temps partiel fin de carrière, etc.). Nous reviendrons dans la dernière partie de cet ouvrage sur les visages de l'anticipation des restructurations.

Les mesures d'accompagnement des suppressions d'emplois

Tout plan de sauvegarde de l'emploi doit prévoir un certain nombre de mesures d'accompagnement des salariés dont le poste est supprimé : actions en vue du reclassement interne, actions favorisant le reclassement externe, actions de soutien à la création d'activités nouvelles, actions de formation et mesures de réduction ou d'aménagement du temps de travail, et, pour les plus grandes entreprises, actions de revitalisation des bassins d'emploi.

Ces différentes obligations sont mises en œuvre à géométrie variable selon les contextes dans lesquels elles s'inscrivent (taille de l'entreprise, situation économique de l'entreprise, nombre de salariés concernés, etc.). Quatre configurations peuvent être distinguées [Dares, 2006] : des entreprises défaillantes qui font appel à des mesures publiques d'accompagnement ; des entreprises qui financent entièrement les PSE (ou, d'une façon générale, les suppressions d'emplois) ; des entreprises qui mobilisent simultanément des mesures publiques et des mesures internes ; et, enfin, des cas où les licenciements ne sont pas couverts par des PSE (entreprises de moins de cinquante salariés, licenciements économiques de moins de dix salariés).

L'organisation de reclassements internes ou l'activation de mobilités internes

La loi française invite les directions d'entreprise à commencer par éviter les licenciements (autrement dit, éviter les ruptures de relation d'emploi) avant de chercher des solutions de reclassement externe. Les reclassements internes doivent donc être la première mesure d'accompagnement des suppressions d'emplois. Leur faisabilité dépend à la fois de l'ampleur des suppressions d'emplois et de la taille du marché interne de l'entreprise ou du groupe. Elle est aussi contingente à l'existence d'outils de gestion de l'emploi permettant d'identifier des passerelles ou des mobilités possibles d'un emploi à un autre, puis de les organiser. Ainsi, certaines entreprises, plutôt de grande taille, ont cherché à limiter les ruptures d'emploi subies en activant les mobilités internes en permanence, à l'appui de dispositifs de gestion articulant cartographies des emplois, bourses de l'emploi interne, bilans de compétences, formation professionnelle, entretiens de mobilité, cellules d'orientation, forums métiers, revues de personnel, etc. Autant d'outils qui ont pu être conçus et développés dans le cadre de la GPEC.

Le fonctionnement de ces outils de gestion des emplois et des compétences repose souvent sur l'existence : 1) d'un système d'information interne global et cohérent qui permet d'informer le marché interne du travail, 2) sur une animation active par la direction des ressources humaines et la ligne managériale de ces processus, et 3) sur un suivi individualisé dans un cadre collectif prédéfini. De telles pratiques se sont notamment développées depuis le début des années 1990 dans les entreprises mais aussi dans les administrations publiques qui, si elles n'opèrent pas de licenciement pour les salariés dits à statut, réalisent néanmoins des suppressions d'emplois (mais, dans ces cas-là, on ne peut pas parler, strictement, de PSE).

Dans les entreprises privées en contexte de restructurations accompagnées de suppressions d'emplois, la préexistence de tels dispositifs au sein de l'entreprise peut favoriser la proposition de reclassements internes par l'employeur, éventuellement assortis de changements de métier et/ou de lieu de travail. À l'extrême opposé, d'autres employeurs dévoient cette obligation de recherche de solutions internes préalables au licenciement en proposant aux salariés dont le poste est menacé de partir travailler dans un autre pays, dans des conditions salariales très dégradées.

Le poids historique des préretraites

Les préretraites ont longtemps été la mesure phare et centrale des plans sociaux, et ce dès les années 1960, que ce soit par mesures générales (création en 1982 de l'allocation spéciale du Fonds national pour l'emploi) ou par mesures conventionnelles

---

La gestion des mobilités internes dans une grande entreprise de services

« Le nouveau positionnement "stratégie" de S, grande entreprise de services, entraîne de nombreux bouleversements en termes de structuration de l'activité et des métiers, et soulève de nombreux enjeux de gestion des ressources humaines : évolution de certains métiers, réallocation des compétences des métiers "non prioritaires" vers les métiers en croissance, et forte réduction des effectifs en France.

L'ensemble de ces évolutions a justifié la conception et la mise en place d'un programme de GRH qui vise à permettre l'accompagnement des salariés dans cette transformation. Le dispositif propose aux salariés de les aider dans la construction et la concrétisation de leurs projets professionnels volontaires d'une part et, d'autre part, des mesures d'accompagnement de salariés contraints de changer de poste suite aux réorganisations internes.

Dans ce cadre, un dispositif d'accompagnement des parcours a été créé, où des conseillers accueillent les salariés et leur proposent une série d'entretiens individuels et la participation à des modules de travail en groupe.

Ce dispositif a pour mission d'informer les salariés de la suppression programmée de leur poste, de leur proposer deux ou trois nouvelles affectations possibles en interne et de suivre leur dossier jusqu'à ce que les salariés aient accepté une nouvelle affectation. »

Source : Gand et Sardas [2011].

(par exemple, les mesures prises dans les Charbonnages dès 1960, puis les conventions générales de protection sociale de la sidérurgie dès la fin des années 1970). Elles constituent à leur création un moyen privilégié d'« exclusion du marché du travail ou d'antireconversion » [Villeval, 1992] en vue de réduire le chômage, impliquant un engagement financier important de l'État. Elles ont fait figure, pendant trois décennies, de modalité consensuelle d'accompagnement des licenciements collectifs pour motif économique, rencontrant l'assentiment de tous les acteurs et permettant d'assurer une forme de paix sociale dans la mise en œuvre des plans sociaux. Jusqu'au milieu des années 1980, les dispositifs de préretraite constituent la quasi-totalité des entrées en dispositifs d'accompagnement social des licenciements économiques [Rouyer, 2001], s'affirmant comme l'« amortisseur » principal. Le recours aux préretraites a été dans certains cas tellement systématisé qu'il a pu accéder au statut d'acquis social difficile à remettre en cause. Pour les salariés et leurs représentants, les préretraites constituent une forme de sécurisation de trajectoires professionnelles de salariés jugés « âgés ».

Remises en cause par les pouvoirs publics au début des années 2000 dans un contexte de réforme des retraites, les préretraites demeurent fortement demandées par les salariés et leurs représentants, en particulier lors de plans de sauvegarde des emplois de grande ampleur. Les employeurs partagent aussi cette demande, les préretraites permettant d'assurer une forme de paix sociale. Si le nombre d'entrées en préretraites publiques a été divisé par dix entre 1998 et 2008 [Dares, 2009a], le système des préretraites survit néanmoins sous d'autres formes : le recours aux « préretraites maison » financées par de grandes entreprises ; le congé de fin d'activité (CFA) et la cessation progressive d'activité (CPA) pour la fonction publique ; ou encore les cessations anticipées d'activité liées à l'amiante. L'extinction progressive du financement public des préretraites se traduit en outre par un accroissement des situations de « dispense de recherche d'emploi » de chômeurs de cinquante-cinq ans et plus indemnisés, mais alors dans une situation plus précaire et financièrement moins avantageuse.

Si le système des préretraites est décrié par certains au regard de son coût et du gâchis de compétences qu'il peut signifier, sa survivance sous diverses formes témoigne de la puissance d'une « mécanique usuelle du tri des travailleurs "redondants" » [Gazier, 2005] et des anticipations négatives que les salariés et leurs représentants peuvent avoir à l'égard des conséquences de la perte d'emploi subie et de l'efficacité des dispositifs usuels de reclassement.

La place des primes supraconventionnelles

Le débat sur les primes supraconventionnelles est souvent vif : pour les uns, elles ne sont que des « chèques valise » qui menacent la dynamique de reclassement individuel ; pour les autres, elles constituent une forme de réparation d'un préjudice subi par les salariés, d'autant plus s'ils ont le sentiment d'avoir été trahis par leur employeur, jouant ainsi une fonction réparatrice. En tout cas, il est notable de souligner que la demande de primes supraconventionnelles intervient à un moment où les préretraites sont moins automatiques, comme si elles venaient s'y substituer. Du point de vue managérial, ces indemnités peuvent constituer le prix à payer pour clore les conflits sociaux ou, dans le cadre de plans de départs volontaires, le prix à payer pour éviter une conflictualité sociale trop forte. En l'absence de statistiques sur le phénomène, une analyse à partir de dix cas de restructurations s'étant déroulées entre 2002 et 2007 [Noël *et al.*, 2010] montre que trois facteurs sont présents quand des indemnités supraconventionnelles s'imposent comme modalité de sortie de conflit : une main-d'œuvre à l'employabilité dégradée, une présence syndicale active et, enfin, une opération de restructuration se limitant à une baisse des effectifs sans réelle refonte de l'organisation ou révision de la stratégie. Dès lors, la demande de primes supraconventionnelle peut renvoyer à une absence de sens de la restructuration aux yeux des salariés : si cette dernière n'est pas considérée comme légitime, mais fait figure de « licenciements boursiers » menés par des « patrons voyous », la demande de prime peut venir en écho d'une absence de caractère légitime de la décision de restructuration.

Dans les cas où l'employabilité des salariés a été faiblement développée antérieurement, l'existence d'une situation de négociation aboutissant à un gain tangible (la prime) peut contribuer à lever les réticences *a priori* sur des mesures (les dispositifs de reclassement) dont l'issue est incertaine [Bruggeman *et al.*, 2004]. *A contrario*, ce raisonnement sur l'importance des indemnités supraconventionnelles pourrait être invalidé dans des cas où l'employeur a développé l'employabilité des salariés et assure de fait des situations de reclassement et de reconversion de qualité. Cela amène à nuancer la représentation largement partagée du caractère démobilisateur des primes supraconventionnelles à l'égard de la dynamique de reclassement, dans les cas où elles ne seraient pas en opposition, voire en déduction, mais en complément de dispositifs de reclassement.

Les dispositifs de reclassement externe

Au fil des évolutions du droit du travail, les obligations légales et les dispositifs de reclassement des salariés licenciés pour motif économique se sont précisés et développés, amenant à une diversité de mesures individuelles que l'employeur doit proposer aux salariés licenciés pour motif économique : congé de reclassement, congé de mobilité, convention de reclassement personnalisée, contrat de transition professionnelle [pour le détail, voir Dares, 2009c]. Rouyer [2001] montre que la décennie 1990 marque l'avènement des « cellules de reclassement ». L'origine de ces « cellules » (terme particulièrement peu attractif), couramment appelées « antennes emploi », se situe au début des années 1980, quand des grands groupes industriels tels que Saint-Gobain, Thomson, Michelin ou BSN (ex-Danone) se sont dotés de structures assurant le reclassement externe de salariés. Progressivement, hormis dans le cas de Saint-Gobain Développement, ces entreprises ont externalisé cette activité, qui s'est depuis développée autour de cabinets spécialisés dans l'accompagnement des restructurations, en particulier dans leur volet social. Dans bien des cas de PSE menés dans de grandes entreprises, les employeurs confient à ces prestataires la mise en place et l'animation des antennes emploi, assurant ainsi leur obligation (de moyens) en matière de reclassement externe des salariés licenciés, que ce soit dans le cadre d'un congé de reclassement ou d'un congé de mobilité.

Les salariés licenciés d'entreprises de 1 000 salariés et moins relevant de conventions de reclassement personnalisé ou de contrats de transition professionnelle sont, eux, pris en charge soit par des agents de Pôle emploi, soit à nouveau par des prestataires externes auxquels Pôle emploi confie cette mission. L'État, par le Fonds national de l'emploi (FNE), peut contribuer financièrement aux dispositifs de reclassement, en fonction notamment de la capacité contributive de l'entreprise, du respect des obligations légales par l'employeur, de difficultés de reclassement prévisibles ou encore d'une situation de redressement ou de liquidation judiciaire.

Le fonctionnement des cellules de reclassement repose classiquement sur les contenus suivants : aide à la rédaction d'un CV, aide à la recherche d'emploi, réalisation d'un bilan de compétences, préparation aux entretiens, définition d'un nouveau projet professionnel, prospection d'offres d'emploi, organisation de parcours de formation, aide à la création d'entreprise, etc. D'une façon générale, les prestations de reclassement ne constituent pas une réalité uniforme [Aucouturier *et al.*, 1996] en termes de qualité de l'accompagnement. Se pose notamment la question du contrôle du travail des cellules de reclassement.

Les commissions paritaires de suivi des cellules de reclassement : quel contrôle ?

En la matière, la mise en œuvre de commissions paritaires de suivi a progressivement émergé au cours des années 1990. Elles consistent en l'organisation de réunions avec les responsables de la cellule de reclassement, des représentants du personnel, des représentants de la direction et, parfois, des représentants de l'administration du travail. Ces réunions visent alors à faire un état précis et régulier des situations individuelles des adhérents à la cellule ; elles visent en particulier à valider la qualification des « solutions identifiées » et des « offres valables d'emploi ».

Comme l'ont souligné Bruggeman *et al.* [2002], l'existence d'une commission de suivi constitue un gage de la mise en œuvre effective des modalités d'accompagnement des salariés définies dans le PSE à l'issue de la procédure d'information-consultation. À l'inverse, Mazade [2005], à travers l'étude du fonctionnement des cellules de reclassement de Metaleurop et des Houillères du Nord, montre que ni le contenu du plan social ni le cahier des charges ne semblent en mesure d'exercer un contrôle suffisant sur ce qui est réellement pratiqué dans les cellules de reclassement. De fait, si ces commissions de suivi existent, leurs modalités de fonctionnement sont très variables d'un cas à l'autre, selon notamment l'implication des acteurs qui les composent. Autrement dit, il n'est pas certain que, derrière leur existence formelle, elles parviennent à réellement organiser une forme de contrôle. Ce constat rejoint la conclusion du rapport Ramonet du CESE [2010] qui estime que, « en pratique, ce dispositif est faiblement contrôlé tant par la commission de suivi que par les services de l'État s'agissant des cellules conventionnées ».

La revitalisation des bassins d'emploi

Face à des situations où les restructurations touchent l'ensemble des secteurs d'activité et viennent parfois brutalement impacter des territoires, a été inventée au cours des années 1970-1980 la « conversion » [Huret, 2004], l'État exigeant des entreprises qu'elles aident à créer autant d'emplois qu'elles en supprimaient. De nombreux grands groupes industriels ont alors créé des « sociétés de conversion » (la SOFIREM pour les

Houillères, la SODIE pour les sociétés sidérurgiques, la SOFRED pour GIAT, la SOFREA pour Elf, mais aussi Thomson Geris, Michelin Side, Saint-Gobain Développement, etc.) pour favoriser la reconversion des bassins sinistrés. Ainsi, à la fin des années 1980, rappelle Huret [2004], une vingtaine de sociétés de développement étaient en place et au travail sur trente-cinq à quarante bassins d'emploi. Nées de l'exigence de conversion, ces sociétés existent toujours pour la plupart d'entre elles, même si elles ont elles-mêmes connu des restructurations par regroupement et externalisation. Pour certains de ces grands groupes, à l'instar de Saint-Gobain, le travail de ces sociétés de conversion est progressivement devenu un moyen de piloter les restructurations engagées de façon socialement responsable et, ce faisant, de contribuer à limiter la gestion de crise.

La loi de modernisation sociale du 17 janvier 2002 a introduit de nouvelles obligations en la matière pour les entreprises de plus de 1 000 salariés qui procèdent à une fermeture totale ou partielle d'un site en France, relevant du principe de « pollueur-payeur » : ces dernières doivent réaliser une étude d'impact territorial des licenciements collectifs prévus et mettre en œuvre des mesures dites de « revitalisation des bassins d'emploi » concernés. L'objectif est toujours d'amener les entreprises qui procèdent à des licenciements à contribuer à la création d'un nombre d'emplois équivalent à celui qu'elles ont supprimé. Concrètement, cette obligation s'exerce dans le cadre d'une convention signée entre la direction de l'entreprise et le préfet. Ce faisant, le législateur a souhaité étendre la responsabilité sociale de l'entreprise en matière de gestion des conséquences des restructurations aux territoires, introduisant ainsi une responsabilité territoriale en la matière.

Ces actions de revitalisation peuvent prendre la forme d'actions de réindustrialisation du site (par exemple, prospection d'un repreneur), d'aides à la création d'entreprise, d'aides à la création d'emplois pour des entreprises du territoire ou de contribution à des actions de développement local (par exemple, création de zones artisanales). Le coût des mesures doit être d'au moins deux à quatre fois le montant du smic mensuel multiplié par le nombre d'emplois supprimés net des reclassements internes dans les entreprises du même groupe. En cas d'absence d'entreprise correspondant aux critères de cet article de loi pour des bassins touchés par une catastrophe industrielle, l'État peut devenir lui-même le donneur d'ordres d'une opération de conversion. Cela a par exemple été le cas en 2002 pour les bassins d'emploi frappés par la faillite de Moulinex.

Cette exploration des mesures d'accompagnement des suppressions d'emplois et de gestion de leurs conséquences sociales et territoriales montre à quel point les trois dernières décennies ont vu se développer et se perfectionner, en France, une multiplicité d'outils visant à la fois au reclassement des salariés licenciés et à la revitalisation des bassins d'emploi concernés. En même temps, cette panoplie d'outils semble produire des résultats mitigés, aucune formule miracle ne permettant — en tout cas à chaud — de ne pas faire des restructurations accompagnées de suppressions d'emplois un synonyme de déstructuration de collectifs de travail, de trajectoires individuelles et de bassins d'emploi (voir chapitre III). Cette terrible promesse est d'ailleurs comprise par tous quand tombe une telle annonce et se traduit par une forte intensité de mobilisations, une situation de gestion de crise et une demande toujours pressante de mesures passives, telles que les préretraites ou les primes supraconventionnelles.

Acteurs et jeux d'acteurs lors de la mise en œuvre de plans de sauvegarde de l'emploi

Aux différentes phases de la mise en œuvre d'un PSE, différents acteurs sont plus ou moins impliqués dans le processus de restructuration : les directions d'entreprise, leurs consultants et leurs avocats ; les salariés ; les institutions représentatives du personnel, leurs experts et leurs avocats ; les organisations syndicales (unions départementales, fédérations, confédérations) et leurs experts ; les collectivités territoriales et, en particulier, les élus locaux ; les représentants de l'État (l'administration centrale, les directions régionales, les directions départementales, les préfectures...). Les processus de restructurations accompagnées de suppressions d'emplois impliquent en premier lieu un seul acteur — l'employeur qui prend et annonce la décision — avant de s'ouvrir à une grande multiplicité d'acteurs et donc de jeux d'acteurs. Ces jeux d'acteurs, qui se déroulent souvent au moins en partie sur la scène publique, ébranlent tous ceux qui y sont pris : la tension règne tant les enjeux des salariés relèvent d'enjeux de survie. D'ailleurs, romanciers et cinéastes ne s'y trompent pas, quand ils mettent en scène de façon très réaliste de telles situations extrêmes, à l'instar de Mordillat dans son roman *Des vivants et des morts* [2005]. Les négociations se jouent aussi parfois dans les « coulisses », par des discussions informelles entre représentants de la direction et des salariés, qui contribuent à l'obtention d'accords dans des contextes tendus [Khalidi, 2011]. Ces négociations cachées sont ici encore remarquablement mises en scène dans le film *Jusqu'au bout* de Failevic, consacré au conflit Cellatex.

Les employeurs exposés : une pluralité de postures

Dans le droit français, l'employeur est fondamentalement considéré comme étant seul juge de sa gestion. Néanmoins, s'agissant de décisions de suppressions d'emplois, l'explicitation des motifs de sa décision est incontournable pour construire son caractère légal et, au-delà, son acceptabilité sociale. C'est particulièrement le cas quand une telle décision intervient en dehors de situations de crise économique ou sectorielle et relève strictement d'une logique d'anticipation en vue d'améliorer (et non de redresser) la compétitivité et la rentabilité de l'entreprise. Nous l'avons vu, cet exercice peut relever de justifications de natures différentes, voire être lu comme un simple exercice rhétorique. Mais cette question de la construction de l'acceptabilité sociale de la décision prise peut se révéler cruciale s'il s'agit d'éviter que sa mise en œuvre tourne à une situation de gestion de crise inextricable.

Autre enjeu, la maîtrise du temps : une fois la décision prise de restructurations accompagnées de suppressions d'emplois, et en particulier dans le cas de restructurations lourdes (fermetures par exemple), les directions tendent à privilégier des opérations qui se déroulent le plus rapidement possible, en créant le moins de vagues possible. C'est d'ailleurs souvent le mandat qui incombe dans ces contextes aux responsables de la fonction ressources humaines qui, dans ces opérations, se voient confier, de façon relativement décentralisée [Pichault *et al.*, 1998], la mise en œuvre de l'opération dans son volet social. Mais les directions d'entreprise se trouvent confrontées à d'autres menaces : la menace juridique, la menace d'un conflit social d'ampleur et la menace de déficit d'image, mais aussi la menace de pertes de compétences qui ne seront éventuellement plus disponibles sur le marché du travail le jour où elles seront de nouveau nécessaires. Ces menaces semblent sérieuses, mais elles doivent aussi être relativisées : il n'est pas sûr que la judiciarisation et la conflictualisation des restructurations soient si fortes, au-delà de quelques cas fortement médiatisés qui ont marqué les esprits ; par ailleurs, nombre d'employeurs déploient des pratiques de suppressions d'emplois sans recours au traditionnel PSE, pensant limiter l'ensemble de ces risques. Pour autant, tout projet de restructuration peut rencontrer obstacles et difficultés pouvant remettre en cause les intentions initiales.

D'une façon générale, les dirigeants sont pris dans des tensions contradictoires, entre l'anticipation sur les marchés financiers, l'anticipation sur les évolutions des marchés, l'anticipation de leur métier et l'anticipation des effets sur l'emploi et le travail des stratégies développées. Pour Tixier et Lemasle [2000], « aujourd'hui, les directions d'entreprise ne savent pas toujours comment s'y prendre ; le fait qu'elles vivent dans l'instabilité rend difficile l'anticipation de leur métier et donc celui de leurs collaborateurs à un horizon temporel proche. Soumises à des contraintes économiques fortes, les entreprises doivent s'adapter au jour le jour aux évolutions de leur environnement, alors que la gestion des ressources humaines et des compétences s'inscrit nécessairement dans la durée ». Dans ce contexte, il existe une pluralité de postures et de stratégies patronales, qui vont de tentatives de contournement du droit du travail à l'expérimentation de dispositifs innovants collectivement négociés.

Les représentants du personnel, pris en tension

En France, l'annonce de plans de sauvegarde des emplois suscite dans bien des cas l'organisation d'actions collectives par les salariés et leurs représentants. Les représentants du personnel sont particulièrement démunis lors de l'annonce d'une telle décision par la direction. Ils se trouvent dans une situation de quadruple asymétrie [Bruggeman *et al.*, 2002] : asymétrie de préparation, asymétrie d'information, asymétrie de compétences et asymétrie de pouvoir. Même si la décision de restructuration a pu produire des signaux précurseurs, l'annonce tombe dans la grande majorité des cas comme un couperet, d'autant plus s'il s'agit de décisions de restructurations lourdes. Dans le contexte des plans de sauvegarde des emplois en France, et par exemple en dehors d'un accord de méthode, la construction d'un rapport de force semble incontournable pour créer une situation de négociation effective dans une procédure qui repose avant tout sur l'information-consultation [Petrovski *et al.*, 2008].

En 2009, dans un contexte de forte récession, l'emploi s'est situé au cœur des négociations et des grèves dans les entreprises du secteur marchand, dépassant la question salariale [Dares, 2011]. Les conflits d'opposition aux projets de restructurations accompagnées de suppressions d'emplois sont souvent intenses. Ils sont menés dans un contexte de survie donnant lieu à des conflits « défensifs » et se traduisent par des grèves, mais aussi par tout un « halo de pratiques conflictuelles » [Groux et Pernot, 2008]. Dans ces contextes, les représentants syndicaux se situent sur une ligne de crête ténue, entre actions collectives visibles et maîtrise des dérives possibles d'une violence qui pourrait être trop dangereuse, tout en devant conserver leur crédibilité à l'égard des salariés [Larose, 2001]. Il s'agit aussi de maintenir du collectif là où il est fortement menacé et de tenter de juguler le spectre du découragement et de la résignation [Béroud *et al.*, 2008].

Le rapport de force se construit concrètement à partir de l'activation par les représentants du personnel de plusieurs leviers [Bruggeman *et al.*, 2002] : l'interrogation de la légitimité économique du plan social ; l'interrogation de la régularité formelle de la procédure et/ou de la légitimité des interlocuteurs managériaux ; la perturbation du fonctionnement de l'entreprise ; l'action sur l'image de l'entreprise par la médiatisation du plan social ; la recherche de soutiens politiques. Selon l'évaluation qu'en fait la Dares [2006], la mise en œuvre d'un plan de sauvegarde des emplois donne lieu dans 22 % des cas au recours à un expert sur le volet de l'argumentaire économique, dans 28 % des cas au recours à un expert sur le volet social, dans 4 % des cas à une action auprès des tribunaux, et dans 1,5 % des cas au recours à un médiateur. La médiatisation du conflit est une des armes particulièrement mobilisées dans ces contextes [Boissard, 2003], peut-être d'autant plus que l'entreprise travaille à son image, ou est en contact direct avec les consommateurs finaux, quand bien même on ne retrouve pas en France de réelles mobilisations de consommateurs contre des marques.

Au-delà des actions menées se pose la question des finalités de la construction de ce rapport de force. Comme le souligne Colin [2001], « les syndicats se retrouvent face à la difficulté de devoir revendiquer sur le refus des licenciements (avec plus de chances d'être entendus) ou d'accepter de négocier sur le plan social, conséquence d'une décision qui leur échappe complètement. C'est le positionnement face à ce dilemme qui sépare les lignes de conduite des différentes centrales et guide la stratégie des équipes syndicales ». Les syndicats sont pris entre la volonté d'ancrer autant que possible un rapport de force et celle de discuter des solutions, avec toute la difficulté de dialoguer sur la stratégie de l'entreprise et la crainte de « pactiser avec le diable » [Aubert, 2002].

Ces ambivalences, oppositions et difficultés de positionnement s'observent au niveau européen, où les syndicats peuvent se retrouver en situation de concurrence : pour Guélaud [2000], « les syndicats européens, en première ligne sur la question de l'emploi, peinent à définir une stratégie commune face à ces mutations. [...] En pratique, ce sont les fédérations syndicales européennes, les comités de groupe européens et les organisations syndicales nationales qui se coltinent la reconfiguration au quotidien des entreprises. Dans ce domaine, leur capacité d'intervention est faible ».

En termes de résultats, les actions collectives menées peuvent contribuer à un allongement de la procédure pour gagner du temps, à l'obtention de primes supraconventionnelles, à des modifications dans les critères d'ordre des licenciements et à l'amélioration des dispositifs de reclassement. Ainsi en est-il souvent des propositions d'alternatives économiques à l'occasion du volet économique du projet de restructuration, qui si elles peuvent aboutir dans quelques cas à une inflexion du projet initial, sous forme de réduction du nombre des suppressions d'emplois, ne viennent pas substantiellement entamer la décision initiale de l'employeur [Paucard, 2003]. Enfin, les salariés et leurs représentants qui se sont engagés dans un tel conflit affirment souvent que, au-delà d'éventuelles améliorations tangibles obtenues, cet engagement visible et collectif leur a permis de « sortir la tête haute », tandis qu'ils ont pu se sentir trahis par leur employeur.

Les acteurs tiers, entre intervention directe et expertise

L'enclenchement de la procédure d'information-consultation en vue de licenciements économiques collectifs mobilise par ailleurs de nombreux acteurs qui vont être directement ou indirectement impliqués : l'administration du travail, la préfecture, les experts auprès du comité d'entreprise, les consultants de la direction, les avocats, les juges, les collectivités territoriales et les élus locaux.

Outre les modes d'intervention récurrents de l'administration du travail, dans certains cas, l'État intervient de façon directe, voire massive dans la mise en œuvre de PSE [Aggeri et Pallez, 2005]. Les collectivités territoriales vont aussi entrer dans le jeu d'acteurs, selon les cas en manifestant aux côtés des salariés ou en se faisant le relais de leurs revendications auprès des directions d'entreprise, d'acteurs administratifs et politiques ; en s'adressant aux représentants de l'État, tels que le préfet, pour contribuer à obtenir des moyens supplémentaires au financement du plan social ; en débloquant elles-mêmes des moyens complémentaires ; ou encore en déployant des politiques de développement local endogènes et/ou exogènes permettant de déclencher des créations locales d'emplois.

Experts, consultants et avocats sont souvent sollicités de part et d'autre, par les employeurs comme par les représentants des salariés : construire ou déconstruire l'argumentaire économique, construire ou contrecarrer une gestion serrée des délais de mise en œuvre, définir le contenu précis du PSE, etc. Ce qui ressemble à une montée de l'intervention de conseillers au sens large dans de tels dossiers renvoie au caractère technique et complexe des procédures, mais aussi peut-être à la nécessité pour les uns et pour les autres de se sécuriser dans ces contextes d'incertitude et de tension.

Au total, ces processus se caractérisent par une grande intensité de jeux d'acteurs, après un projet maintenu au secret et avant, bien souvent, une dispersion des acteurs. Le processus de décision et de mise en œuvre d'un projet de restructuration donnant lieu à un PSE peut ainsi ressembler à un tremblement de terre précédé de secousses plus ou moins identifiées et suivi de divisions et de failles.

Tableau 2. **Des phases d'implication variable pour chaque acteur**

	En amont de l'annonce	Pendant la procédure d'information-consultation	Lors de la mise en œuvre des mesures d'accompagnement
Direction générale	Acteur principal	Implication variable	Implication faible (une fois les moyens négociés)
Responsables opérationnels/ Fonction RH	Implication variable	En première ligne	Implication variable (selon le degré d'externalisation auprès du prestataire)
Salariés et leurs représentants	Aucune implication sauf si accord de méthode	Implication plus ou moins forte selon le rapport de force	Implication variable (selon commission paritaire, suivi effectif ou non)
Administration publique et élus politiques	Aucune implication	Implication variable	Implication variable

Du PSE classique aux mesures « discrètes » de suppressions d'emplois

Sur le plan de la gestion des sureffectifs, le plan de sauvegarde des emplois ne constitue que la partie émergée de l'iceberg des pratiques de suppressions d'emplois. En premier lieu, les trois quarts des licenciements économiques se font hors PSE, étant liés à des situations de liquidation judiciaire ou à des « petits licenciements » dans des PME. Dans ces cas, l'accompagnement des salariés concernés est réduit au minimum, amenant Ray [2009, p. 373-374] à critiquer une « usine à gaz » (le PSE) qui ne s'intéresse qu'aux restructurations de grande ampleur médiatisées et ne protège finalement pas les plus faibles, tels que les salariés des entreprises sous-traitantes, pourtant statistiquement plus nombreux, sans même évoquer le nombre des intérimaires qui perdent toute mission dès que l'activité diminue.

À l'autre extrême, la focalisation sur le seul PSE fait aussi l'impasse sur des pratiques de suppressions d'emplois sans licenciement collectif pour motif économique. Dans un contexte de gestion de crise liée à la mise en œuvre d'un PSE, Campinos-Dubernet [2003] montre comment les directions d'entreprise ont développé des pratiques d'évitement du PSE à proprement dit, en dehors de situations de fermeture de sites ; des pratiques de planification en amont des restructurations, avec un soin particulier apporté au secret qui doit les entourer ; et un recours à des consultants pour accompagner ce qui devient une véritable « gestion de projet ».

D'autres modalités de gestion des sureffectifs sont ainsi à l'œuvre, telles que le blocage des embauches et le non-renouvellement des départs, avec l'organisation simultanée de mobilités internes ; ou encore la négociation individuelle de départs. À l'inverse, les PSE sont beaucoup plus initiés par des entreprises qui n'en ont pas le choix, faute de temps et de ressources financières : le redressement ou la liquidation judiciaire sont ainsi les raisons les plus fréquemment mises en avant pour justifier la mise en place d'un PSE [Dares, 2009c].

Le recours au licenciement pour motif personnel peut constituer une modalité en tant que telle de gestion des sureffectifs, en particulier chez les cadres [Palpacuer *et al.*, 2007]. Ce dernier s'est très fortement développé au cours des années 1990, traduisant non pas un accroissement des fautes au travail, mais un dévoiement du motif personnel à toutes fins de diminution des effectifs (transactions — prenant la forme de démissions ou de licenciements pour motif individuel — pouvant aller jusqu'à des « démissions forcées »). Depuis l'accord national interprofessionnel de janvier 2008, les partenaires sociaux ont introduit la possibilité de recourir à des « ruptures conventionnelles » assimilées à des ruptures « à l'amiable » par analogie au divorce. En deux ans (2008-2010), cette modalité de rupture a connu une montée en charge spectaculaire, 400 000 ayant été homologuées par l'inspection du travail : tout en mordant à la fois sur la démission améliorée et sur le licenciement déguisé, il semble que cette rupture serve surtout de « support à la mobilité d'actifs plutôt qualifiés dans les activités tertiaires » [Dayan et Kerbourc'h, 2010]. Ces pratiques de gestion des sureffectifs s'inscrivent en outre dans un contexte plus général d'individualisation des relations d'emploi et des pratiques de GRH.

Entre le PSE et le recours à des mesures individualisées de ruptures du contrat de travail, l'organisation de plans de départs volontaires semble être en plein essor, en tout cas dans les

---

**Restructurer sans licencier :
le cas Assurancia**

Le géant français de l'assurance, Assurancia, s'est trouvé confronté, au tournant des années 2000, à une situation d'efficacité productive que sa direction a jugée insatisfaisante. Par ailleurs, animée par la volonté de se distinguer de sa concurrence par la qualité du service rendu au client, la direction de l'entreprise a fait le choix d'orienter sa main-d'œuvre vers les métiers commerciaux, laissant l'activité administrative propre au métier d'assureur à un système d'information de plus en plus moderne et performant. Pour mettre en pratique cette orientation stratégique et après avoir rejeté l'éventualité de licenciements économiques collectifs, Assurancia s'est donné les moyens d'activer la mobilité professionnelle en interne.

L'important et ambitieux dispositif de mobilité mis en place a fait l'objet d'une négociation et d'un accord d'entreprise organisant les parcours professionnels : l'accord AccMob, qui énonce clairement le principe du volontariat dans la mise en place de la mobilité. L'effort d'accompagnement a été particulièrement organisé et mené de façon à n'exclure personne du dispositif. Au final, sur la période 2003-2005, le dispositif de mobilité mis en œuvre a concerné environ 3 200 salariés, et 30 % des salariés d'Assurancia ont changé de poste avec une mobilité professionnelle lourde pour la moitié d'entre eux.

Source : Garaudel *et al.* [2006], www.mire-restructuration.eu

---

grandes entreprises. Des pratiques d'appel au volontariat au départ, assorties de mesures d'accompagnement et d'activation des mobilités internes, se développent ainsi comme figures de « restructurations douces » qui peuvent néanmoins concerner un volume important d'emplois.

Mais les mesures de réduction des effectifs hors PSE échappent à toute saisie, qu'elle soit statistique, administrative ou parfois juridique. Campinos-Dubernet [2003] parle, dans ces cas, de « restructurations floues ». Elles sont floues car le contexte dans lequel elles sont engagées est flou et les modalités de définition du sureffectif le sont tout autant (les emplois concernés par les suppressions d'emplois ne sont pas définis nominativement) : « Le leitmotiv est le volontariat. » Ce volontariat peut parfois être ambigu, quand des individus sont finalement plus ou moins directement poussés au départ ou mis au placard. Il peut dans d'autres cas être au contraire mieux vécu par des individus qui préfèrent ne pas être stigmatisés par l'expérience d'un PSE. Mais ce ne sont que suppositions dont la répartition n'est pas chiffrable car l'absence de suivi et d'évaluation fait encore plus défaut, s'agissant de restructurations qui — justement — se veulent discrètes. Les plans de départs volontaires introduisent en tout cas une sorte d'intermédiaire entre rupture choisie et rupture subie. Ils conduisent souvent en pratique à régler la question de la sélection des salariés en sureffectif, même si ce point fait débat au plan juridique. Pour les salariés, ils peuvent parfois faire office d'effet d'aubaine ou de bouée de sauvetage, sans pour autant qu'il soit possible d'évaluer précisément en quoi cette modalité de départ peut changer (ou non) les perceptions de la rupture d'emploi par les salariés. Pour les employeurs, ils peuvent permettre d'éviter une gestion trop événementielle des sureffectifs, avec comme contrepartie de ne pas conserver une maîtrise complète sur les salariés partants. De nombreuses questions demeurent néanmoins : les plans de départs volontaires permettent-ils réellement de limiter l'incertitude juridique liée aux plans de suppressions d'emplois [Ray, 2009] ? Et garantissent-ils un vécu moins traumatisant de la rupture d'emploi pour les salariés ?

Comme l'a montré Noël [2004], les modalités de réduction des effectifs vont finalement dépendre à la fois de la taille de l'entreprise, de l'ampleur des suppressions d'emplois, de la logique qui a mené à identifier un sureffectif, du degré d'anticipation des effets sur l'emploi de la restructuration (et notamment du temps disponible pour gérer le sureffectif), mais aussi de la culture sociale de l'entreprise.

Tableau 3. Une typologie des pratiques de gestion des sureffectifs

Le plan de sauvegarde des emplois, avec parfois des « scénarios catastrophe » (risques juridiques, médiatiques, sociaux).	Les « restructurations discrètes » dans le secteur privé (avec une part importante de transactions, de licenciements pour motif personnel, de ruptures conventionnelles).
Licenciements individuels pour motif économique ou « petits licenciements économiques » dans des PME (moins de cinquante salariés), liquidations judiciaires, voire externalisation de la gestion des conséquences des restructurations (exemple : dépôt de bilan de filiales de groupes ; sessions « douteuses »).	Les suppressions d'emplois dans le secteur public.

L'hétérogénéité des plans de suppressions d'emplois et la crise de la régulation sociale

Le plan de sauvegarde des emplois est la partie émergée de l'iceberg des réductions d'effectifs, mais c'est néanmoins le plan social qui focalise toute l'attention — y compris médiatique — et l'intervention des acteurs de la régulation sociale. Il y a en la matière un décalage entre une régulation par la loi sur les réductions d'effectifs, restreinte au seul plan de sauvegarde des emplois, et les pratiques gestionnaires.

De ce paradoxe, il ressort nombre de dysfonctionnements : les salariés sont en situation d'inégalité face au risque d'emploi lié aux restructurations, et les employeurs tendent à éviter le recours au plan de sauvegarde des emplois comme mode d'adaptation des emplois aux restructurations, en développant des pratiques de gestion des sureffectifs individualisées qui échappent souvent à toute régulation collective. Pour les salariés, les dispositifs d'accompagnement social des restructurations se révèlent donc incohérents, voire inéquitables, notamment selon la taille de l'entreprise qui les emploie. Pour les employeurs, la complexité des procédures du licenciement collectif et les risques médiatiques, sociaux et juridiques qu'elles comportent poussent au déploiement de pratiques de gestion individualisées de la rupture d'emploi dont les modalités sont floues, plus ou moins encadrées par des accords collectifs.

En France, deux rapports successifs ont établi en 2002 [Aubert, 2002] et en 2003 [Viet, 2003] une analyse des mécanismes et des enjeux sociaux, économiques et territoriaux liés aux restructurations des entreprises. En substance, ces deux rapports partent du constat de l'existence de restructurations permanentes, selon de multiples modalités et processus (fermetures, réorganisations industrielles, cessions, dépôts de bilan, fusions-acquisitions, etc.). Ces deux rapports soulignent plusieurs enjeux sociaux et territoriaux liés à la permanence des situations de restructuration : un déficit d'anticipation ; des difficultés importantes de reclassement pour les salariés concernés par les licenciements économiques ; une inégalité des salariés licenciés face aux risques liés aux restructurations ; un traitement au mieux « à chaud » et un déficit de traitement « à froid » ; un traitement des restructurations comme des accidents et non comme un processus continu et permanent.

Si le « modèle français » d'accompagnement des salariés et des territoires touchés par les restructurations a de fait connu au cours des dernières années des approfondissements notables (par exemple, introduction d'un volet de revitalisation de bassin dans le contenu des plans sociaux, incitation à la négociation d'accords de méthode, incitation à la mise en œuvre de démarches de gestion prévisionnelle des emplois et des compétences, précisions apportées aux contenus des dispositifs de reclassement), il demeure un modèle parcellaire dans son périmètre d'application. Enfin, si les pratiques de gestion des sureffectifs ont évolué vers une plus grande diversification (essor des plans de départ volontaires, introduction des ruptures conventionnelles), la question de leur encadrement collectif, mais aussi celle de leurs effets sur les individus et les organisations demeurent peu éclairées.

Au-delà de ce qui peut apparaître en première lecture comme des spécificités françaises, la mise en œuvre de restructurations accompagnées de suppressions d'emplois renvoie, dans l'ensemble des pays européens, à des enjeux ou du moins à des questionnements communs, tout en s'inscrivant dans des contextes différenciés : quelles natures d'exercice de responsabilités de la part des différents acteurs ? Quelles modalités d'anticipation et de dialogue social pour piloter les restructurations ? Avant d'aborder les réponses à ces questions telles qu'elles s'ébauchent et se construisent en France, mais aussi dans d'autres contextes, il nous faut arriver à une meilleure compréhension des effets que produisent ces restructurations, sur les organisations, sur les individus et sur les territoires.

III / Les effets des restructurations : complexité et contingence

Les restructurations, on l'a vu, renvoient à des réalités multiples, à des registres et des logiques de décision variés, et prennent des formes diverses, impliquant une série d'acteurs différents. Qu'en est-il alors des effets de ces pratiques de restructuration ? Deux qualificatifs s'imposent : complexes et contingents. Complexes tout d'abord, car les effets des restructurations peuvent s'apprécier à la fois au plan de l'organisation tout entière, des collectifs de travail en son sein et des individus qui les composent ; complexes aussi, car ces effets sont sensibles à la fois au plan économique, au plan social, au plan psychologique, etc. Contingents ensuite, car les effets des restructurations dépendent, dans leur nature et leur ampleur, d'une série de facteurs : contextes, objectifs, stratégies, moyens, modalités de mise en œuvre, acteurs en présence, etc. Cette complexité et cette contingence contrastent avec une conception quasi mécanique, visible dans les pratiques, selon laquelle les restructurations sont censées préserver ou rétablir le niveau de rentabilité, de performance et, plus généralement, de compétitivité de l'entreprise. Les restructurations produisent-elles effectivement les résultats escomptés par ceux qui les décident ? Engendrent-elles d'autres effets plus inattendus et, si oui, lesquels ? Peut-on évaluer plus précisément, dans une opération de restructuration, la balance des coûts et des avantages (directs et indirects, visibles et cachés) ainsi produits ? Finalement, quelles mesures prendre afin que les restructurations ne se transforment pas en un « remède qui tue » [Roth, 2009] ?

La question du lien entre restructurations et performance de l'organisation suscite bien des débats et invite à la réflexion. Au raisonnement souvent qualifié de « mécanique » qui consiste à voir un lien de causalité simple et direct entre des suppressions d'emplois et la performance de l'organisation répondent un ensemble de constats et d'analyses qui soulignent l'existence d'effets induits de divers ordres, source de coûts plus ou moins visibles, qui expliqueraient un bilan plûtot mitigé des opérations de restructuration en termes de performances. Une série de travaux se sont attachés à évaluer les relations entre certaines formes de restructuration et certains indicateurs de performances ; d'autres se sont employés à en identifier les coûts, directs et indirects. Ce sont ensuite les conséquences des restructurations sur les individus, qu'ils soient « victimes », « survivants » ou « exécutants », qui méritent une attention particulière. Enfin, les territoires (locaux, régionaux) sont aussi directement touchés par les opérations de restructuration.

Restructurations et performances des organisations : des relations controversées et instables

Deux types d'indicateurs de performances des organisations méritent d'être distingués ici : la valeur boursière, d'une part, et les indicateurs de performance économique, d'autre part. Dans les deux cas, la synthèse des études empiriques existantes fait apparaître des résultats contrastés.

Les performances boursières à court terme

Les médias ont fait grand écho au débat sur les « licenciements boursiers » depuis l'annonce de quelques cas emblématiques comme Moulinex ou Michelin au début des années 2000 : en 1999, Michelin publie des bénéfices semestriels en hausse de 20 % et dans le même temps annonce un vaste plan de restructuration avec 7 500 suppressions d'emplois ; la valeur de son action grimpe de 12 % le lendemain. Ces cas, et le débat qui les entoure, sont instructifs à plusieurs titres : en premier lieu, ils reflètent l'imbrication des dimensions sociales, politiques et économiques lorsque des restructurations, notamment avec suppressions d'emplois, sont en jeu ; en second lieu, ils illustrent le rôle de la médiatisation — voire de la surmédiatisation — qui conduit souvent à déformer les phénomènes.

Pour éclairer ce débat, des spécialistes se sont efforcés de produire une connaissance systématique statistique du phénomène. Ce sont précisément les objectifs des études d'événements qui consistent à mesurer l'écart existant entre le cours réel de l'action et un prix théorique (ou rendement normal espéré si l'événement n'avait pas eu lieu) ; la différence entre les deux constitue le rendement anormal, que l'on mesure quelques jours avant et quelques jours après l'annonce de l'événement.

Au plan empirique, les annonces de restructuration semblent susciter un accueil négatif sur les marchés boursiers. Cet accueil négatif serait même renforcé lorsque le contexte économico-financier de l'entreprise est connu comme étant mauvais ; en revanche, les effets restent non significatifs lorsque les sites concernés sont périphériques à l'entreprise ou à l'étranger [Gombola et Tsetsekos, 1992]. D'autres études affinent ce résultat global en différenciant les fermetures « offensives » des fermetures « défensives » : les premières susciteraient des réactions positives, contrairement aux secondes. L'annonce de licenciements véhiculerait globalement une information négative aux investisseurs, d'autant plus négative que la décision de licencier est justifiée par une situation de détresse financière et que les licenciements sont nombreux et permanents [Worrell *et al.*, 1991].

En France, les quelques études parues sur ce sujet tentent de prendre en compte ces facteurs de contingence qui caractérisent les effets de l'annonce de suppressions d'emplois sur la valeur boursière. C'est ainsi que, dans leur dernière étude, Hubler *et al.* [2001] soulignent le caractère rarement significatif, ponctuel et différencié selon le type de stratégie en œuvre (défensive ou offensive) de ces effets.

Au total, et malgré toutes les limites inhérentes aux méthodologies d'études d'événements, la réaction des marchés boursiers à l'annonce de suppressions d'emplois, sur un plan statistique, apparaît plus nuancée et contingente que ce que l'opinion dominante et médiatisée laisserait penser. Qu'en est-il alors au plan des indicateurs de performances économiques ?

Les performances économiques à moyen et long termes

Les nombreux travaux anglo-saxons consacrés à cette question montrent globalement une absence d'effet significatif du *downsizing* sur les indicateurs économiques et financiers, essentiellement en termes de rentabilité et productivité [Mentzer, 1996], l'absence d'écart significatif des performances économiques entre les entreprises qui réduisent massivement leurs effectifs et celles qui ne le font pas [de Meuse *et al.*, 1994] ou, le cas échéant, un écart en défaveur des adeptes du *downsizing* [Cascio *et al.*, 1997 ; de Meuse *et al.*, 1994]. Plusieurs organismes professionnels ont entrepris également de lourdes études sur ce même sujet, portant sur des échantillons de plus d'un millier d'entreprises. On peut citer à titre d'exemple les études de l'AMA (American Management Association) en 1994, de la SHRM (Society of Human Resource Management) en 2002, de Wyatt Worldwide en 1992, etc. : elles aboutissent toutes à la même conclusion, celle d'effets positifs non majoritaires, et bien en deçà des espérances et objectifs initiaux des dirigeants.

En France, si les conclusions de Meschi [1998] rejoignent celles des spécialistes anglo-saxons, celles de Sentis [1998] conduisent au contraire à souligner un effet positif des suppressions d'emplois : cet effet se fait néanmoins sentir à court terme sur la productivité et la rentabilité économique de l'année qui suit la réduction des effectifs, et non pas sur la rentabilité des capitaux. D'Arcimoles, au travers de plusieurs recherches successives [d'Arcimoles, 1995 ; d'Arcimoles et Fakhfakh, 1997] portant sur les années 1980, avance l'idée selon laquelle les firmes qui suppriment le plus d'emplois seraient aussi celles qui affichent une meilleure rentabilité à long terme, cette corrélation devant toutefois être interprétée avec prudence, d'autres variables (comme la recomposition de la main-d'œuvre) étant susceptibles d'expliquer cette relation. Plus récemment, Reynaud et Degorre [2007], à partir d'une analyse comparative d'entreprises françaises cotées et non cotées qui ont supprimé des emplois en 1996, concluent que les entreprises cotées restructurent afin d'éviter une baisse de leurs performances financières, tandis que les entreprises non cotées restructurent en dernier recours afin d'éviter une situation de faillite ; dans les deux cas, ni la rentabilité économique moyenne ni la performance financière ne s'améliore de manière significative après restructuration (1,8 % entre 1995 et 2000 pour la première ; absence d'évolution pour la seconde).

L'effet des stratégies de réduction des effectifs sur la performance économique et financière de l'entreprise demeure non systématique, peu significatif et, lorsqu'il existe, limité et à court terme. Une méta-analyse des études parues sur le sujet vient confirmer ce constat : Allouche *et al.* [2008], à partir de l'examen systématique de cinquante-deux études empiriques testant le lien entre restructurations et performances (économiques et boursières), concluent que « les restructurations ne se révèlent positives qu'à long terme et lorsque l'opération s'inscrit dans une reconfiguration de l'organisation ; leur incidence sur les cours boursiers est plutôt négative, les marchés marquant leur méfiance à l'égard d'opérations trop simplistes et potentiellement révélatrices de difficultés ».

Ces résultats viennent remettre en question l'équation réductrice selon laquelle une restructuration permettrait d'augmenter la productivité et d'atteindre de meilleures performances pour l'entreprise. Comment expliquer cette remise en question ? Les facteurs explicatifs possibles sont probablement à rechercher dans les coûts des restructurations, notamment les coûts indirects et cachés sur les individus et les collectifs de travail. Des phénomènes organisationnels et individuels, générateurs de ce type de coûts, sont de plus en plus nettement mis en évidence par les chercheurs.

Les coûts des restructurations : au-delà des coûts directs, des coûts induits et cachés

De l'évaluation des coûts directs à la recherche des coûts cachés

Dans un article de synthèse, Cornolti et Moulin [2007] suggèrent quelques éléments d'« élucidation » de la remise en cause du lien entre restructurations et amélioration de la performance. Deux catégories de coûts doivent être distinguées : les coûts directs d'une part, qui peuvent assez aisément être évalués, et les coûts indirects d'autre part, difficiles à apprécier, dont les manifestations se font en partie sentir à plus long terme. Les coûts directs sont ceux qu'engendre toute la procédure de mise en place d'une restructuration, notamment lorsqu'il s'agit d'une restructuration avec suppressions d'emplois dans le cadre d'un PSE en France : recours à une cellule de reclassement, primes de licenciement, formation, etc. Si leur identification, leur calcul et leur prévision semblent relativement faciles, on peut toutefois

---

Les douze problèmes des organisations en déclin

1. La centralisation.
2. Une mentalité de crise, court-termiste.
3. Une perte de capacité à innover.
4. Une résistance au changement.
5. Un climat dégradé.
6. Le renforcement de groupes à intérêts spécifiques et politisés.
7. Des choix non priorisés.
8. Une baisse de confiance.
9. Une conflictualité croissante.
10. Une communication restreinte.
11. Un manque de travail en équipe.
12. Un manque de leadership.

Source : d'après Cameron [1994].

---

remarquer que peu de PSE font l'objet d'une évaluation financière précise *a priori*, ou même *a posteriori*. Les coûts indirects ou cachés renvoient à des risques de contre-performance à moyen et long termes [Fabre, 1997].

Au-delà des *dirty dozen* énoncés par Cameron [1994], trois familles de risques plus immédiats, mais dont l'évaluation demeure complexe, méritent analyse : la remise en cause des équilibres en termes de compétences et de savoirs ; les effets en termes de réputation et d'image de l'entreprise ; une modification du contrat psychologique qui lie les salariés à leur employeur.

Déstructuration des compétences et des savoirs, et effets sur l'innovation

Des organisations anorexiques ? — L'analogie avec les régimes amincissants est tentante, même si elle est facile : l'entreprise qui réduit ses effectifs de manière récurrente, dans une sorte de logique obsessionnelle, court le risque de l'anorexie et des effets néfastes qui l'accompagnent, notamment en termes d'affaiblissement de ses capacités à réfléchir, à apprendre, à agir (capacités sociocognitives). À l'inverse, l'obésité est également porteuse de risques, notamment à plus long terme, et rend légitime la réflexion stratégique sur les mesures correctives à prendre. Mais ces mesures peuvent dépasser la simple recherche d'« allègement » (réduction des effectifs, suppression d'échelons hiérarchiques, etc.) et s'orienter plutôt vers un renforcement musculaire (investissement, apprentissage, innovation, etc.) [Turner *et al.*, 2007].

De même, de nombreux travaux ont montré la nécessité pour les entreprises de conserver un certain degré de *slack* organisationnel pour pouvoir s'adapter au mieux aux changements de leur environnement, et notamment un *slack* de ressources humaines [Rust et Katz, 2002 ; Love et Nohria, 2005]. La préservation et la gestion d'un certain degré de *slack* ont des effets en retour sur la capacité à innover de l'organisation, mais dans une relation curvilinéaire (en U inversé) : l'innovation augmente à mesure que le *slack* croît, mais jusqu'à un certain point seulement, point à partir duquel trop de *slack* finit par réduire l'innovation au travers d'investissements peu réfléchis en R&D [Nohria et Gulati, 1996].

Des capacités d'apprentissage et d'innovation réduites. — Toute réduction d'effectifs, *a fortiori* si elle s'inscrit dans un changement plus profond de l'organisation, a des effets potentiels sur la capacité de mémoire, d'apprentissage et d'innovation de l'organisation. Dès lors que l'on admet que l'organisation est un ensemble de réseaux au sein desquels les interrelations des individus engendrent de l'apprentissage, le départ d'un seul individu peut avoir des répercussions qui vont bien au-delà de ses compétences individuelles [Fisher et White, 2000]. Plusieurs études empiriques ont permis de confirmer et d'étayer ce constat d'une modification profonde des structures informelles, dans des situations diverses de restructuration : réduction des effectifs, opération d'externalisation, fusion, LBO, etc. [Lei et Hitt, 1995]. D'autres vont plus loin en testant le lien entre réduction des effectifs et capacité à innover des entreprises [Mellahi et Wilkinson, 2009]. Plus précisément, sur la base d'un échantillon d'entreprises britanniques, ils montrent qu'une opération de *downsizing* hâtivement décidée et mise en œuvre, et dont l'objectif essentiel est de réduire les coûts, est particulièrement préjudiciable en termes de capacité d'innovation ; en revanche, une opération de *downsizing* implantée plus progressivement et dont l'objectif est un recentrage sur le métier de base peut être justement mise à profit pour investir dans de nouveaux produits ou processus et consolider le positionnement stratégique de l'entreprise dans ses activités de base ; ils montrent enfin que l'ampleur de la réduction des effectifs ne semble pas influencer l'intensité des effets en termes d'innovation.

Dans la même perspective, mais au travers d'une analyse longitudinale à long terme d'un panel de plus de 4 000 entreprises européennes et australiennes, Littler et Innes [2003], constatant l'ampleur des modifications en termes de compétences et de savoirs durant une décennie de restructurations, mutations et suppressions d'emplois, avancent l'idée d'entreprise « désapprenante » (*deknowledging* ou *deskilling*). On peut alors aisément imaginer que ce processus de désapprentissage, de perte de mémoire, de compétences et/ou de capacité à innover soit particulièrement dramatique dans les entreprises dont l'activité est fondée sur la connaissance (*knowledge intensive firms*) comme d'ailleurs plus généralement dans les départements de R&D des organisations de tout type de secteur d'activité.

Des incidences en termes de réputation et d'image

En 2004, un numéro spécial du *Journal of Public Affairs* paraissait sous le titre : « The public affairs of corporate restructuring ». Quels sont les effets potentiels des restructurations en termes de réputation et d'image ? Quelques célèbres cas au retentissement médiatique restent dans la mémoire collective, comme celui de Danone, dont l'image d'entreprise socialement innovante a été mise à mal à l'occasion de l'annonce de la fermeture des sites de production des biscuits Lu à Calais et Ris Orangis. Cette annonce a suscité de vifs débats en 2001 et a conduit à un appel au boycott des produits de la marque, relayé par la presse mais aussi par de nombreux élus et personnalités diverses, à peine trois mois avant les élections municipales et en pleine période de discussions autour de la loi de modernisation sociale et la réglementation des licenciements pour motifs économiques. L'« affaire Danone » constitue certainement un cas emblématique de la fragilité des entreprises en termes d'image et de réputation sur la scène sociale. On notera néanmoins que le « quotient de réputation » calculé par le Reputation Institute et Harris Interactive, dans sa version française, met Danone à la deuxième place en 2004 juste derrière L'Oréal, et à la première place pour la seule dimension de responsabilité sociale. Ce cas reflète également la place devenue centrale des entreprises dans la société, impliquant ainsi de nouvelles obligations et de nouveaux rôles vis-à-vis des parties prenantes. Plus généralement, il pose la question du « signal » contenu dans l'annonce d'un plan de restructuration et de l'interprétation de ce signal par ceux qui le reçoivent, qu'ils soient citoyens, actionnaires ou salariés.

Plusieurs spécialistes se sont penchés sur cette question et ont testé la relation entre restructuration (ou *downsizing*) et réputation. Love et Kraatz [2009] testent cette relation sur l'échantillon des cent entreprises américaines « les plus admirées » par les analystes et les dirigeants, selon l'enquête annuelle de *Fortune*. Ils montrent que le *downsizing* exerce un effet négatif important sur la réputation des entreprises qui le pratiquent : elles perdent en moyenne les deux tiers de leur position dans le classement au sein de leur secteur d'activité et ce, indépendamment des évolutions de la performance objective de l'entreprise. Cet effet négatif est d'autant plus fort que le *downsizing* apparaît comme une mesure proactive, et non comme une réponse à une situation de crise imminente.

Le cas de la fermeture de Renault Vilvoorde en Belgique est intéressant à ce titre [Dentchev et Heene, 2004]. Il illustre une situation de faible efficience du marché. En février 1997, le siège social de Renault annonce la décision de fermer définitivement son usine de Vilvoorde, sans que cette décision ait été au préalable discutée avec les syndicats locaux ou avec les représentants du gouvernement local ou fédéral belge, et sans que cette décision s'accompagne d'explications autres que celle de la situation surcapacitaire de l'entreprise. La direction de l'entreprise ne souhaite pas ouvrir de débat sur la justification de la décision. Cette rareté de l'information, le manque d'incitation à en rechercher davantage et les problèmes de compréhension de la situation ont sans aucun doute contribué à renforcer les réactions. Les grèves organisées par les salariés en Belgique et en France sont relayées et amplifiées par l'intervention de nombreux hommes politiques aux plans national (dans les deux pays) et européen et, plus généralement, par un vaste débat sur la question des restructurations, de leur annonce et de la nécessité de consulter ou non les salariés lors d'une décision de désinvestissement comme celle-ci. Ce débat, dont l'ampleur et l'intensité ont surpris la direction de l'entreprise, ne remettra pas en cause la fermeture de l'usine de Vilvoorde, mais conduira en Belgique à la « loi Renault » en février 1998, qui vient renforcer le cadre législatif en matière d'information et de consultation des salariés en cas de licenciement collectif. Les principes de cette loi ont également été intégrés aux plans européen et international par l'Organisation internationale du travail (OIT). Au final, l'opération a probablement affecté la réputation de Renault, d'autant que l'entreprise était historiquement associée à une sorte de « vitrine sociale » en France, mais l'intensité et la durabilité de ces effets demeurent difficiles à évaluer.

Des effets sur le contrat psychologique

Le contrat psychologique désigne les obligations mutuelles perçues par des individus entre eux, obligations qui peuvent évoluer dans le temps et en fonction du contexte, des événements, etc., et qui peuvent être explicites (voire formalisées dans un contrat) mais aussi et surtout implicites ; ce contrat et son évolution influencent alors les comportements de chacun. Si le concept peut s'appliquer à une diversité de types de relations, il est couramment utilisé pour analyser la relation d'emploi, celle qui lie le salarié à l'organisation qui l'emploie, et inversement. Or la répétition et la rapidité des changements que vivent les organisations ont profondément altéré les relations d'emploi et le contrat psychologique qui les sous-tend : la sécurité de l'emploi sur le long terme, en échange d'un fort investissement et d'une loyauté au travail, ne constitue plus les termes habituels de ces contrats. Dans une situation de restructuration, il est alors probable qu'apparaissent des « brèches » dans les contrats psychologiques, brèches pouvant ensuite se transformer en véritable violation du contrat [Robinson et Rousseau, 1994]. Ces modifications — tout au moins perçues — du contrat psychologique s'accompagnent souvent, comme le montrent diverses études empiriques, d'effets négatifs comme : des obligations moins fortes envers l'employeur, un accroissement de l'intention de le quitter, un comportement moins citoyen, un engagement affaibli, une satisfaction moindre, etc. [Morrison et Robinson, 2000]. Si cette rupture (ou modification sensible) du contrat psychologique qui lie l'employeur et les salariés peut prendre des manifestations organisationnelles, elle est avant tout perceptible dans les attitudes et comportements individuels. Les restructurations, lorsqu'elles s'accompagnent de suppressions d'emplois, mettent en scène trois catégories d'individus classiquement désignées par les spécialistes comme les « victimes » (celles et ceux qui perdent leur emploi), les « survivants » (celles et ceux qui restent dans l'entreprise) et les « exécutants » (celles et ceux qui mettent en œuvre les décisions prises).

Les victimes des restructurations : des trajectoires chaotiques

Au-delà des manifestations comportementales liées à une modification du contrat psychologique, quels types de trajectoires, sociales et professionnelles, suivent tendanciellement les salariés victimes d'un plan de restructuration ? Ces trajectoires dépendent-elles du fait qu'ils aient bénéficié ou non d'un reclassement ? Les incidences en termes de santé (mentale et physique) deviennent de plus en plus présentes, le lien entre restructurations et risques psychosociaux étant de plus en plus criant, voire inquiétant.

À court terme, des dispositifs de reclassement difficiles à évaluer et aux résultats décevants

Plusieurs études ont régulièrement pointé la « médiocre qualité » des plans sociaux ainsi que leurs « piètres résultats quantitatifs », pour reprendre les termes utilisés par Bruggeman [2005]. Depuis le milieu des années 1990, les différentes études menées sur cet aspect enchaînent des constats finalement assez proches : des plans sociaux qui sont plus des catalogues de mesures que des dispositifs pensés par rapport aux spécificités des salariés licenciés ; la faiblesse de la circulation d'informations entre les différents acteurs impliqués (employeurs, représentants du personnel, service public de l'emploi) ; une absence de suivi dans la mise en œuvre des mesures de reclassement ; pour finalement produire des résultats difficiles à évaluer.

Si l'ensemble de ces travaux soulignent l'absence d'évaluation qui « donne à toute la procédure [de plan social] un caractère formel » [Mallet *et al.*, 1997], d'autres voix s'ajoutent aux premières pour souligner les effets pervers de l'absence d'évaluation et pour préconiser, à l'instar du dernier rapport du Conseil économique, social et environnemental sur le sujet [Ramonet, 2010], de « développer une véritable démarche de contrôle et d'évaluation ».

La circulaire de la DGEFP n° 2007-20 du 17 juillet 2007 a contribué à la construction d'un référentiel commun en matière de définition du taux de reclassement. L'indicateur désormais utilisé est défini comme suit : nombre de salariés reclassés au bout de douze mois (reclassement = contrat à durée indéterminée, contrat à durée déterminée de plus de six mois, contrat de travail temporaire de plus de six mois, formation longue de plus de trois cents heures) / nombre de salariés ayant adhéré à une cellule de reclassement conventionnée avec l'État (FNE) ou non. Il comporte deux limites : d'une part, ce taux n'informe pas sur le devenir des salariés licenciés qui n'ont pas adhéré à la cellule de reclassement ; d'autre part, il ne permet pas d'évaluer les trajectoires professionnelles des personnes concernées dans la durée [Beaujolin-Bellet et Bobbio, 2010].

Au taux de reclassement s'ajoute bien souvent l'annonce d'un « taux de solutions identifiées » à l'issue du travail de la cellule de reclassement. Prenant acte que, en confiant le travail de reclassement à un prestataire externe, l'employeur lui délègue par là même l'obligation de moyens (et non de résultats) qui pèse sur lui, le calcul de ce taux inclut d'autres situations que le reclassement tel que défini précédemment. Il considère ainsi que des personnes qui auraient refusé deux à trois « offres valables d'emploi » (OVE) ou « offres valables de reclassement » (OVR) ou des personnes ayant trouvé d'autres solutions viennent s'ajouter au nombre des personnes « ayant trouvé une solution ». Ce taux offre donc plus une mesure de l'effort de reclassement que du reclassement lui-même.

Les résultats des cellules de reclassement sont souvent décevants, attestant à quel point une trajectoire professionnelle peut être négativement impactée par un licenciement économique. Selon la Dares [2006], 44 % des salariés licenciés dans le cadre d'un PSE notifié entre 2002 et 2004 sont un an plus tard dans une des situations suivantes : sans solution, solution inconnue, CDD ou intérim de moins de six mois, en recherche d'emploi.

Écarts entre taux de reclassement et taux de solutions identifiées, les cas Chaussette et Chaussure

À l'occasion d'une étude monographique menée sur deux cas de restructurations lourdes d'entreprises inscrites dans des contextes similaires (secteur d'activité en crise, implantation rurale, salariés peu qualifiés avec une forte ancienneté), il a été possible de mettre en exergue les différences entre taux de reclassement et taux de solutions identifiées. Selon les cas, les écarts vont de 21 à 20 points entre ces deux ratios : dans le cas Chaussette, le taux de solutions identifiées est de 94,4 % tandis que le taux de reclassement s'élève à 62,5 % ; dans le cas Chaussure, le taux de solutions identifiées est de 72 % tandis que le taux de reclassement s'élève à 50,7 %.

Les écarts entre les « taux de solutions identifiées » et les « taux de reclassement » sont ici constitués soit de « refus d'offres valables d'emploi » soit de « projets de vie ». Concernant les « projets de vie », dans le cas Chaussette, cette dénomination recouvre des réalités très différentes, telles que des situations de « 160 trimestres » de maladie de longue durée ou de congé parental.

Source : Beaujolin-Bellet *et al.* [2006].

À moyen et long termes, des trajectoires professionnelles déstabilisées

Assez peu de travaux en France permettent de répondre précisément à la question des trajectoires sociales et professionnelles des victimes des restructurations dans le temps, sans doute du fait d'un accès difficile à des données statistiques individuelles et longitudinales. L'exploitation des fichiers historiques de Pôle emploi, dans les cas de deux PSE emblématiques de restructurations lourdes concernant des personnels peu qualifiés ayant fait l'objet de politiques de fixation de la main-d'œuvre, montre que les ruptures d'emploi non volontaires conduisent durablement à des trajectoires professionnelles « chaotiques », d'autant plus que les salariés sont âgés [Beaujolin-Bellet *et al.*, 2009]. De même, l'exploitation de l'enquête Formation et qualification professionnelle de l'Insee permet de montrer que même en conjoncture favorable, les ruptures de contrat de travail donnant lieu à des trajectoires stables sont minoritaires ; que, en outre, une rupture subie est associée au chômage durable et à une perte de salaire [Amossé *et al.*, 2009]. Ces résultats rejoignent les observations faites par Roupnel-Fuentes [2011] qui met en évidence quatre carrières typiques à l'issue d'un licenciement pour motif économique dans le cas de Moulinex : les carrières

fragilisées, déstabilisées, continues et fragmentées, en souli-
gnant que « les personnes qui occupaient les positions les plus
élevées chez Moulinex ont les plus grandes chances de bénéfi-
cier d'une réinsertion professionnelle réussie et garantie.
À l'inverse, les catégories les moins élevées dans la hiérarchie
professionnelle chez Moulinex doivent composer avec les situations les moins avantageuses : chômage, emplois précaires,
attente de mesures sociales ».

Des travaux plus qualitatifs viennent conforter ces conclusions : à partir d'une série de récits de vie menés auprès de
licencié(e)s, Trotzier [2006] illustre combien le licenciement
collectif, outre le choc immédiat qu'il constitue inévitablement,
est à plus long terme source de fragilité accrue pour les femmes
dans leur parcours (déclassement) et source de perte de salaire
pour une majorité d'hommes. En outre, les collectifs de travail
se retrouvent souvent brisés, et des conséquences néfastes sur
la santé des individus sont mises en évidence [Trotzier, 2006].
Là aussi, ces observations en rejoignent d'autres, qui ont pu
mettre l'accent d'une façon générale sur la situation de déclassement liée à un licenciement économique, que ce soit en
termes de salaire, de temps de travail, de qualité de l'emploi,
voire de (dé)construction identitaire [Linhart, 2003], derrière des
tentatives de banalisation, tandis que cette forme de rupture
« occupe une place de choix dans la crise des identités professionnelles » [Guyonvarc'h, 2008].

*Des effets modérateurs : la qualité des dispositifs d'accompagnement
et les stratégies individuelles*

Les effets de mesures d'accompagnement renforcé mises en
place ces dernières années en France (contrat de transition
professionnelle et convention de reclassement personnalisé) à
destination des salariés licenciés pour motif économique
semblent produire des résultats intéressants : près de deux tiers
des personnes qui en ont bénéficié occupent un emploi
« durable » deux ans plus tard (CDI ou CDD de plus de six mois,
ou emploi indépendant) [Dares, 2009b].

Les effets des politiques publiques et des mesures d'accompagnement ou reclassement sont étudiés dans d'autres contextes
nationaux. Par exemple, Ohlsson et Storrie [2007] analysent
deux situations de suppressions d'emplois en Suède, l'une dans

le secteur de la construction navale et l'autre dans le secteur des mines, et qui ont toutes deux bénéficié de mesures particulièrement solides de la part des pouvoirs publics. Ils comparent alors le devenir des salariés victimes de ces deux restructurations avec celui d'autres salariés ayant perdu leur emploi mais n'ayant pas bénéficié de ces mêmes mesures : les résultats soulignent l'absence d'effet significatif à court terme, mais un net avantage des deux groupes de salariés bénéficiaires des mesures, en termes de taux d'emploi et de niveau de salaire à long terme (cinq à sept ans). En revanche, notons que rien n'est dit dans l'étude sur le coût de ces mesures, à mettre en balance avec leurs avantages à long terme... Sur le marché du travail américain caractérisé par sa grande fluidité, et à partir d'un panel d'individus ayant perdu leur emploi entre 1981 et 2003, la mesure des coûts liés à la perte d'emploi est éloquente : 35 % des individus concernés sont sans emploi en 2004, 13 % sont passés à temps partiel, le salaire de ceux qui ont retrouvé un emploi à temps plein est inférieur de 13 % à celui qu'ils avaient avant et de 17 % à celui qu'ils auraient eu s'ils avaient suivi une trajectoire normale dans leur entreprise précédente [Farber, 2005].

Les effets de la perte d'emploi sur les individus varient aussi selon la manière dont ces individus réagissent à cet événement traumatique. Les stratégies individuelles de *coping* ou d'adaptation sont décortiquées dans la littérature depuis deux décennies, visant à identifier les types de stratégies, leurs déterminants et leurs effets, en particulier en termes de trajectoires professionnelles et de retour vers l'emploi. C'est à Pearlin et Schooler [1978] que l'on doit d'avoir identifié deux grands types de stratégies d'adaptation, largement reprises dans les études sur le sujet : soit elles sont focalisées sur les problèmes (l'individu cherche à éliminer la cause même du stress), soit elles sont focalisées sur les symptômes (l'individu cherche à en éliminer les effets symptomatiques). Leana et Feldman [1992] précisent cette typologie dans les situations de perte d'emploi et dessinent six stratégies (tableau 4).

De quoi dépend le choix de telle ou telle stratégie et quelle incidence observe-t-on en termes de retour vers l'emploi ? Les facteurs explicatifs sont multiples et tiennent à la fois à des dimensions individuelles et à des dimensions contextuelles. Par exemple, la capacité à réévaluer de manière positive la situation de rupture d'emploi semble jouer un rôle important dans la mise

Tableau 4. **Les stratégies d'adaptation en situation de perte d'emploi**

Adaptation centrée sur les problèmes	Adaptation centrée sur les symptômes
Chercher un nouvel emploi.	Chercher un soutien social auprès de sa famille et/ou de ses amis.
Chercher une nouvelle formation.	Chercher une aide financière pour résoudre les problèmes financiers immédiats.
Changer de région pour avoir plus d'opportunités d'emploi.	S'impliquer dans les programmes collectifs d'aide aux chômeurs.

Source : traduit de Leana et Feldman [1992].

en place de stratégies d'adaptation, de quelque forme que ce soit ; en revanche, les indemnités de départ ont un effet négatif sur le comportement de recherche d'emploi. Plusieurs tests empiriques réalisés sur des échantillons de salariés licenciés aux États-Unis semblent également montrer que les dispositifs d'aide aux salariés, qu'ils soient proposés par l'État ou par l'entreprise, ne conduisent pas plus vers des stratégies d'adaptation centrées sur les problèmes, censées être plus efficaces en termes de réemploi [Bennett *et al.*, 1995]. Plus généralement, les deux stratégies — centrée sur les problèmes et centrée sur les symptômes — sont plus complémentaires que mutuellement exclusives [Leana *et al.*, 1998].

Plus récemment, Gabriel *et al.* [2010] se sont intéressés aux managers quinquagénaires touchés par la crise économique et venant de perdre leur emploi. Au travers d'une étude narrative, fondée sur les récits que font ces individus de leur vie, ils mettent en évidence trois types de stratégies narratives : la première conçoit la perte d'emploi comme un « déraillement temporaire de la carrière », que l'on peut rapprocher de la stratégie d'adaptation centrée sur les problèmes, mais que l'on pourrait également interpréter en termes de déni de la situation ; la deuxième voit la perte d'emploi comme la « fin de la ligne », un événement lourd, injuste, irréversible, laissant une blessure ouverte, conduisant à un comportement quasi inerte dans la recherche d'emploi ; la troisième considère la perte d'emploi comme une rupture radicale, sans toutefois tomber dans des reproches aux autres et à soi-même, mais plutôt dans la recherche philosophique de justifications liées à des facteurs sociaux, des forces incontrôlables, à la malchance, etc., ce qui leur permet d'« ouvrir un nouveau chapitre » dans leur vie.

Plus généralement, une déstandardisation et une déchronologisation des parcours de vie

Au-delà des stratégies individuelles, quelques évolutions sociologiques tendancielles en matière de trajectoires professionnelles peuvent être soulignées, comme celle d'une « déstandardisation des parcours » [Guillemard, 2008 ; Cavalli, 2007]. Ils observent, depuis les années 1990, une déchronologisation et une déstandardisation des parcours de vie (ou *life course*), qui conduisent à brouiller les frontières entre les séquences jadis bien délimitées de la formation initiale, de l'entrée dans l'âge adulte, de l'entrée sur le marché du travail et du passage à la retraite : expériences professionnelles durant des études de plus en plus longues, formation continue « tout au long de la vie », « bifurcations » professionnelles à l'occasion notamment de restructurations (mobilité, licenciements, reclassement...), congés de différents ordres (parental, sabbatique, etc.), développement des préretraites progressives, retour au travail des « seniors » [Gazier, 2010 ; Negroni, 2005]. Une telle individualisation des parcours de vie est génératrice d'insécurité et de fragilité, mais ne fait pas perdre pour autant le caractère normatif du parcours de vie dans nos sociétés. Reste à savoir, d'une part, si la déstandardisation ne vient pas aggraver les inégalités sociales et économiques, et, d'autre part, si les moyens dont disposent les individus pour réaliser ou « réussir » ce parcours de vie ne se sont pas dégradés, alors que les attentes normatives de la société demeurent [Cavalli, 2007].

La gestion des transitions professionnelles emploi/chômage : un enjeu politique et économique

Finalement, les constats précédents, largement étayés, exemples et chiffres à l'appui, reflètent l'ampleur des enjeux politiques (européens, nationaux, territoriaux) en matière de sécurisation des trajectoires professionnelles et sociales. Depuis le début des années 2000, en France et en Europe, se construit l'idée selon laquelle il est nécessaire de trouver de nouvelles

Les agendas de la réforme du marché du travail

En réponse contestataire à un agenda qui serait celui de la « flexibilisation » (ce sont les adaptations du marché mondial qui gouvernent le marché du travail), deux agendas peuvent être définis :

— *l'agenda du travail décent et les « capabilités »* : défendu et popularisé par l'Organisation internationale du travail (OIT), l'agenda du « travail décent » part de l'hypothèse que le travail est un « facteur clé du bien-être économique des individus » et « contribue au progrès socioéconomique ». Sa mise en œuvre, aux plans mondial, national et local, passe par quatre objectifs : créer des emplois, garantir les droits au travail, étendre la protection sociale et promouvoir le dialogue social (www.ilo.org).

Le concept de « capabilité », développé par le prix Nobel d'économie en 1998, Amartya Sen, peut être rapproché de cet agenda du travail décent. En réaction aux approches utilitaristes du bien-être, Sen avance le concept de « capabilité », une sorte de combinaison de capacité et de liberté, et qui repose sur une conception de la liberté prenant en compte « ce que chacun est en mesure de pouvoir faire » (même si nous avons la liberté de les faire, il existe toute une série de choses que nous ne sommes pas en mesure de faire). Ces « capabilités » permettent alors, selon Sen, de « mieux évaluer le bien-être ou les injustices que la comparaison des revenus par exemple ». La question posée est reprise dans le titre de l'un de ses ouvrages : « L'égalité, oui, mais l'égalité de quoi ? » [Fournier et Zuber, 2010] ;

— *l'agenda de la flexicurité et les marchés transitionnels du travail (MTT)* : fondé sur la notion de « flexicurité », mais lui donnant un éclairage nouveau et l'inscrivant dans un cadre plus structuré et stabilisé, l'agenda des MTT prône une gestion systématique et négociée des étapes de carrière. Cela repose bien entendu sur des dispositifs visant à aider les individus à retrouver un emploi, mais aussi sur des efforts visant à donner plus de pouvoir aux individus (*empowerment*), à instaurer une solidarité entre les différentes catégories d'individus et à mettre en place des systèmes de cofinancement et de gestion partagée. Chaque transition devrait ainsi être intégrée à une trajectoire globale et associée à une garantie de rémunération ou d'indemnisation.

Source : d'après Gazier [2010] et Morel [2009].

réponses à l'articulation des besoins de flexibilité des organisations et des besoins de sécurité des individus. Ce compromis social renouvelé passe alors par des actions à la fois préventives et curatives [Méda et Minault, 2005], les premières visant à mieux armer les individus pour faire face à leur vie professionnelle, et les secondes tendant à mieux en amortir les chocs, tournants, transitions… C'est dans cet esprit qu'apparaît le concept de « flexicurité », aujourd'hui intégré dans le discours politique, et que se sont développés toute une série de dispositifs, parfois mal articulés les uns aux autres, mais orientés vers la recherche d'une meilleure gestion des transitions professionnelles. La période de crise économique actuelle appelle à réinterroger ces outils et leur coordination en vue d'un « aménagement systématique et négocié des transitions » et d'une « véritable mobilité protégée, notamment pour les moins qualifiés » [Gazier, 2010].

Les « survivants » des restructurations : des malaises occultés

Si l'on pense légitimement d'abord aux individus victimes des plans de restructuration, une autre catégorie d'individus mérite également attention, celle des salariés épargnés par la perte d'emploi et qui restent dans l'organisation après la restructuration. On les appelle salariés « restants » ou encore « survivants » par analogie avec celles et ceux qui survivent à une catastrophe ou un accident collectif et qui présentent, immédiatement ou à retardement, une série de syndromes. On comprend alors aisément que le futur de l'organisation, sa capacité à reconstruire des collectifs et une dynamique de développement dépendent largement de la manière dont ces « rescapés » réagissent à la restructuration.

Des effets positifs, dans certains cas

Quelques observations empiriques soulignent l'existence d'effets positifs des restructurations sur le comportement et l'attitude des salariés qui restent. Ces effets positifs peuvent prendre la forme d'un renforcement de la loyauté envers l'entreprise, d'une situation perçue comme une opportunité de développement personnel, d'une amélioration de la productivité ou même d'une augmentation du niveau de motivation au travail : en particulier, pour des salariés ayant un niveau d'estime de soi relativement bas, un premier plan de restructuration leur fait craindre un nouveau plan et accroît leur sentiment d'inquiétude, inquiétude qu'ils traduisent en un renforcement de leur motivation au travail [Brockner *et al.*, 1993]. Sur la base du célèbre modèle *exit-voice-loyalty-neglect* d'Hirschman, une typologie des réactions possibles des survivants à un plan de suppressions d'emplois peut être esquissée. Elle dessine quatre types de réactions possibles selon leur caractère constructif ou destructeur, passif ou actif [Mishra et Spreitzer, 1998].

Figure 5. **Les réponses des survivants à un plan de suppressions d'emplois**

1. Obligation Calme, soulagement. Implication, loyauté. Obéissant aux ordres, comportement routinier. *Les suiveurs fidèles*	**2. Espoir** Espoir, excitation. Optimisme. Résolution des problèmes, prise d'initiative. *Les supporters actifs*
3. Crainte Inquiétude, crainte. Anxiété, sentiment d'impuissance. Repli sur soi, procrastination. *Les blessés légers*	**4. Cynisme** Colère, dégoût. Indignation, cynisme. Médisance, vengeance. *Les critiques malveillants*

Source : traduit de Mishra et Spreitzer [1998].

Le « syndrome du survivant », le plus souvent

Les effets positifs des restructurations sur ceux qui y survivent restent rarement observés. Le plus souvent, ce sont les effets négatifs qui sont soulignés, qui correspondent aux réponses « destructrices » identifiées dans la typologie de la figure 5, sans doute aussi en partie du fait que ce sont ces effets dont les enjeux individuels et organisationnels sont les plus importants. Dans une synthèse récente des travaux consacrés depuis plus d'un quart de siècle à la question du syndrome des survivants des restructurations, Bourguignon *et al.* [2008] distinguent trois types d'effets négatifs :

1) les effets psychologiques et émotionnels : ils peuvent être assimilés à ceux que l'on observe chez les individus en deuil, passant d'une phase de refus à de la colère ou de la dépression, avant de pouvoir se reconstruire dans un nouveau contexte organisationnel et relationnel. Dans ces différentes phases, les manifestations du deuil sont potentiellement multiples et systémiques : un sentiment de culpabilité à l'égard de ceux qui sont partis peut provoquer anxiété, stress ou autres symptômes psychosomatiques, qui à leur tour peuvent diminuer la

satisfaction au travail, dégrader les relations avec les managers et le climat de travail, etc. ;

2) les effets sur l'attitude au travail : le niveau d'implication et d'engagement au travail est généralement diminué chez les survivants à un plan de suppressions d'emplois, pouvant aller jusqu'à se traduire par une augmentation ou une mise en acte de l'intention de quitter l'organisation ;

3) les effets sur le comportement sont analysés de manière plus dispersée : baisse de la motivation, absentéisme en hausse, mais aussi dans certains cas maintien du comportement global lié au fait que les salariés disposent de peu de marge de manœuvre dans ces situations de restructuration. Par exemple, un présentéisme passif ou un micro-absentéisme restent difficiles à percevoir au travers des mesures classiques du comportement [Cornolti, 2006].

L'ensemble de ces réactions renvoient à l'analyse de l'évolution du contrat psychologique mentionnée plus haut et appliquée aux salariés survivants.

Des réactions instables et contingentes

Les réactions des survivants diffèrent d'abord selon les individus et leurs « ressources » : un optimisme généralisé, des stratégies d'adaptation positives, l'espoir d'une réussite professionnelle future améliorent les réactions [Armstrong-Stassen et Schlosser, 2008]. La fonction ou la position hiérarchique jouent également un rôle : les managers réagissent différemment des autres salariés [Luthans et Sommer, 1999]. Les réactions constructives dont certains font état peuvent également être facilitées lorsque le processus et son contexte de mise en œuvre répondent à certaines conditions, comme l'existence de relations de confiance avec les dirigeants, un plan perçu comme juste, une redéfinition du travail et de son organisation, ou encore l'appropriation du pouvoir (*empowerment*). Enfin, ces réactions ne sont pas figées dans le temps : au cours d'un processus de restructuration, elles peuvent être amenées à évoluer et à passer d'un quadrant à un autre en fonction des modalités de mise en œuvre et de pilotage managérial du processus, en particulier de la qualité de la communication.

Greenberg *et al.* [2010], dans une étude empirique longitudinale s'étalant sur une période de dix années, mesurent l'évolution des

Équité perçue, justice organisationnelle et évolution du contrat psychologique chez les « survivants »

Le cas d'une restructuration d'entreprise en Malaisie :

Terrain : étude auprès de 281 survivants d'une organisation en Malaisie en phase de *downsizing*, un mois après l'annonce (T1) et huit mois après (T2).

Démarche : test d'un modèle mettant en relation la justice perçue et l'affectivité négative en T1 avec la violation du contrat psychologique et les comportements associés en T2 (intention de quitter, implication organisationnelle, citoyenneté).

Résultats :

— la perception de la justice ou de l'équité de l'opération de restructuration influence la réponse immédiate des survivants (violation du contrat psychologique), mais permet également de prédire les réactions à long terme ;

— les réactions négatives au *downsizing* ne dépendent pas uniquement de facteurs de contexte, mais aussi de traits de personnalité individuels.

Source : Arshad et Sparrow [2010].

attitudes et des comportements des salariés d'une grande entreprise ayant subi plusieurs événements critiques et changements majeurs, dont des décisions de *downsizing*, l'introduction de nouvelles technologies et la mise en place d'une structure managériale aplatie. Ils montrent que ces changements multiples ont créé de l'anxiété et de l'incertitude, et, globalement, une détérioration de la plupart de leurs attitudes envers leur travail et leur organisation. Néanmoins, en fin de période, certains de ces indicateurs d'attitude ont retrouvé leur niveau initial, correspondant à une reprise spectaculaire de la croissance économique de l'entreprise et une reprise — même limitée — de l'embauche : le sentiment d'incertitude diminue, le sentiment de sécurité du travail augmente et l'intention de quitter décroît. Cette période correspond également à la mise en place de nouveaux processus de travail et un style de management plus relationnel et moins hiérarchique, sans que l'on puisse faire la part des choses entre l'explication économique et l'explication managériale... Ici encore, le cadre de la justice organisationnelle est éclairant pour comprendre ce qui est en jeu dans les situations de restructuration.

Les « exécutants » des restructurations : des managers mis à mal

Des injonctions paradoxales génératrices de stress

Les managers intermédiaires dans les processus de restructuration méritent une attention spécifique : ils sont aux prises avec des injonctions et des rôles paradoxaux. Comme l'analyse Rouleau [2005], ils sont à la fois interprètes et promoteurs du changement stratégique induit par les restructurations. Rarement impliqués dans la décision même de restructurer, ils doivent néanmoins l'appliquer au mieux, souvent avec des objectifs explicites et précis à remplir, tout en maintenant la qualité de l'activité au sein de leur équipe, en faisant face à une inévitable intensification du travail, en aidant leurs collaborateurs à faire face au changement et en se souciant de l'évolution de leur propre carrière et du maintien de leur employabilité, dans des organisations plus aplaties où leur rôle consiste plus à gérer des groupes et des tâches que des hommes [McCann *et al.*, 2004].

Ces injonctions paradoxales suscitent potentiellement une charge émotionnelle, voire de la souffrance psychologique. Grunberg *et al.* [2009] ont pu comparer les attitudes et le bien-être d'un vaste échantillon de managers de proximité qui avaient dû mettre en place des licenciements et d'autres qui n'avaient pas eu à le faire au sein de la même entreprise, et ce sur une période de dix ans. Chez les premiers, le niveau de stress, le sentiment d'insécurité au travail, la dépression et l'épuisement émotionnel sont significativement plus élevés que chez les seconds, non seulement à court terme mais aussi à plus long terme (trois ans après les événements). Ce sont d'ailleurs plus les effets du *downsizing* que l'acte lui-même qui ont une incidence néfaste sur les managers, en particulier la dégradation des relations avec les salariés. En revanche, si les licenciements sont mis en œuvre de manière équitable (ou sont tout au moins perçus comme tels), cela peut contribuer à réduire les effets négatifs sur les managers de proximité.

Gestion du changement et construction de sens

En tant que situations de changement majeur pour les organisations, les restructurations requièrent des modalités de pilotage et de management qui renvoient à la gestion du changement en général. Les managers intermédiaires, dans leur rôle crucial d'agents de ce changement, assurant le lien et la cohérence entre la direction et les salariés, sont en particulier concernés par la nécessité de construire du sens (*sensemaking*), mais aussi de transmettre ce sens à leurs équipes (*sensegiving*). Suivant la définition de Weick [1995], construire du sens, c'est tenter de créer des compréhensions ordonnées et cohérentes qui permettent le changement. Sans ces compréhensions cohérentes, la situation, empreinte de complexité, d'équivocité et d'ambiguïté engendre inévitablement des conflits, de l'incertitude, des quiproquos, des confusions, des interprétations contradictoires [Lüscher et Lewis, 2008]. Cette mission est d'autant plus difficile que, dans la plupart des cas, les managers intermédiaires n'ont pas participé à la décision, ni même à la négociation de la restructuration, et que les interactions directes entre eux et la direction restent souvent limitées.

La capacité de résilience émotionnelle des managers intermédiaires face aux restructurations

Qu'ils soient qualifiés d'exécutants ou d'agents de la restructuration, les managers intermédiaires développent une série de réactions qui s'apparentent à des réactions de défense ou de distanciation pour faire face aux situations de restructuration qu'ils sont eux-mêmes chargés de mettre en musique [Gandolfi, 2009 ; Clair et Dufresne, 2004]. Ces réactions sont tout autant émotionnelles que cognitives et physiques. Par exemple, l'une des tensions classiques que vivent les managers est celle d'une compassion et d'une certaine empathie pour ceux qui perdent leur emploi, et, en même temps, celle d'un nécessaire détachement envers ces salariés licenciés pour se protéger soi-même. Pour affronter ces tensions, les managers développent des mécanismes d'autodéfense et des stratégies qui visent à amenuiser le degré de stress. La proximité des liens qui les unissent avec les salariés qui perdent leur emploi, mais aussi leur expérience antérieure (ou non) en termes de restructuration peuvent expliquer des réactions plus ou moins fortes chez les managers intermédiaires et, finalement, une capacité de « résilience » plus ou moins élevée.

Des marges de manœuvre possibles ?

Par-delà des mécanismes de protection et des stratégies individuelles, les managers intermédiaires parviennent parfois à dégager quelques degrés de latitude et à orienter (voire remettre en cause) le schéma initial de la restructuration. Ce peut être le cas notamment de managers locaux au sein d'un établissement, qui, au travers d'interactions sociales et de coalitions horizontales [Balogun et Johnson, 2004] et verticales, réorientent les décisions stratégiques prises par la direction centrale de l'entreprise. Beaujolin-Bellet et Moulin [2008] relatent deux cas où les managers locaux ont réussi à proposer, puis à piloter une alternative à la restructuration, grâce à la mobilisation de relations entre managers locaux, mais aussi avec les représentants des salariés locaux, avec les représentants des collectivités locales ou des autorités administratives (maire, préfet, inspecteur du travail…).

Les effets sur la santé des individus, partants et restants

Les risques psychosociaux sont de plus en plus publiquement dénoncés dans les situations de restructuration. La médiatisation de la vague de suicides chez France Télécom à l'automne 2009 a indéniablement contribué à remettre sur le devant de la scène ce type de risques et à sensibiliser à la fois l'opinion publique, les entreprises et les autorités. Avant cela, néanmoins, plusieurs études avaient été produites au niveau européen, qui constataient unanimement le manque cruel de connaissances et de données fiables (et suivies dans le temps) sur les effets des restructurations sur la santé des salariés.

Le programme européen MIRE a consacré une partie de son rapport final aux questions de santé dans les situations de restructuration. Kieselbach et Jeske [2007], en charge de cette thématique, soulignent avec force que la santé devrait figurer au rang des facteurs de compétition des entreprises, au même titre que la localisation d'un site de production. Ils montrent, au

---

Restructurations et risques psychosociaux (RPS)

Dans leur récent *Rapport sur le bien-être et l'efficacité au travail* remis au Premier ministre, Lachmann, Larose et Penicaud [2010] citent, parmi les dix grandes « familles » de facteurs de stress, la fréquence accrue des réorganisations, restructurations et changements de périmètre des entreprises ; la peur du chômage et l'incertitude sur l'avenir, qui entraînent chez les salariés un sentiment d'insécurité et les rendent plus démunis face aux difficultés rencontrées sur le lieu de travail.

---

travers de différentes études de cas et données statistiques, que la prise en compte des questions de santé avant et pendant les restructurations permet aux salariés et à l'organisation de mieux faire face au changement et d'éviter ainsi certains coûts indirects de l'opération.

Dans la continuité de ces travaux, le rapport Hires (programme européen PROGRESS) illustre les lourds effets préjudiciables que peut avoir un processus de restructuration sur la santé des salariés, qu'ils en soient les victimes ou les rescapés, et, en retour, les effets négatifs sur l'organisation, son fonctionnement et ses performances. Les causes essentielles du « stress » des salariés dans ces situations sont à la fois l'angoisse provoquée par la perspective d'une perte d'emploi, le manque de lisibilité des tâches à venir et des compétences nécessaires pour les accomplir, l'incertitude par rapport à la forme du contrat qui sera signé à l'issue de la restructuration, la nécessité de s'adapter aux nouvelles conditions et procédures, à la nouvelle culture organisationnelle consécutive à la restructuration et, en cas de licenciement, le choc provoqué par la perte d'un emploi et la nécessité d'en trouver un.

La présence et l'intensité de ces effets dépendent d'une série de facteurs de contexte liés à la nature des changements opérés, à leur légitimité compte tenu de l'objectif du plan de restructuration (prévention ou gestion de crise) ainsi qu'au processus de décision et de mise en œuvre du changement (transparence de la décision, dimension participative, qualité de la communication, équité dans la répartition des changements, etc.). Ces effets peuvent alors être atténués grâce à la mise en place de mesures spécifiques par les employeurs en collaboration avec d'autres acteurs sociaux.

La dimension territoriale des restructurations et de leurs effets

Les effets des restructurations, on l'a vu, sont multiples et complexes, et peuvent s'analyser à la fois du point de vue des organisations qui les pratiquent (effets sur la performance économique, la réputation, la productivité, l'innovation, etc.) et du point de vue des individus concernés (victimes, rescapés et exécutants). Mais ces effets dépassent les frontières de l'organisation et incluent une dimension territoriale qu'il importe de prendre en compte au même titre que les dimensions organisationnelle, collective et individuelle.

Le global versus le local

L'économie territoriale, vaste champ de connaissances et d'études visant à éclairer la relation entre activité économique et territoires, organise ses réflexions autour des deux mouvements, souvent contradictoires, de globalisation et de localisation (ou polarisation) [Benko, 2006]. La dimension territoriale des restructurations reflète le même type de paradoxe global/local : d'une part, les lieux de décision paraissent de plus en plus éloignés des lieux de production ; d'autre part, les effets de cette décision, notamment lorsqu'elle implique des suppressions d'emplois, sont ressentis et gérés au plan local. En d'autres termes, la « sphère stratégique » de la décision des restructurations demeure distincte de la « sphère de gestion » de leur mise en œuvre [Beaujolin, 1999].

Les conséquences territoriales des restructurations

Les effets des restructurations sur les territoires ne sont pas à démontrer. Les exemples sont nombreux. Celui des restructurations de la Défense en France (mais aussi en Europe) est particulièrement évocateur, au sens où elles touchent l'ensemble du territoire national, à des degrés variés. Mais d'autres exemples, liés à la fermeture d'un site de production d'une entreprise par exemple, suscitent à leur échelle tout autant de débats et d'émotion, surtout lorsque le bassin d'emploi concerné est déjà largement touché par le chômage, peu dynamique, sans perspectives : on pense à quelques cas récemment médiatisés comme

---

La fermeture du site de Lacq de l'entreprise chimique Celanese

En mars 2009, le géant américain de la chimie, Celanese, annonce la fermeture de son site en Pyrénées-Atlantiques, près de Lacq, provoquant une forte mobilisation des salariés de l'usine, mais aussi de nombreux élus locaux et régionaux qui craignent un effet de contagion sur le bassin de Lacq. En effet, des entreprises comme Yara ou Air Liquide sont fortement tributaires des productions de Celanese et emploient quelque deux cents salariés dans la région. En incluant les répercussions sur les emplois dans le secteur du transport routier et ferroviaire, et sur un périmètre élargi, ce sont près de 2 000 emplois qui sont menacés. Pour le port de Bayonne, par exemple, la fermeture de l'usine entraîne une baisse brutale d'activité pour les produits chimiques en 2010 (– 61,5 % par rapport à 2009).

Source : AFP, mars 2009.

---

celui de l'usine Continental à Clairoix, celui de la raffinerie Total à Dunkerque, celui de la Camif à Niort ou encore, moins récemment, celui de la disparition de Manutan à Saint-Étienne.

Dans ces différents cas, les conséquences pour les territoires sont bien évidemment sociales, mais aussi financières, économiques, environnementales, foncières, souvent même identitaires, et des effets en cascade sont courants sur les PME sous-traitantes, le marché des intérimaires, etc. Par ailleurs, la (re)dynamisation d'un territoire est un processus de longue haleine, qui contraste avec la brutalité des décisions de fermeture de site et l'immédiateté de leurs effets. Enfin, la coopération entre territoires ne va pas de soi, se heurtant à des logiques concurrentielles de plus en plus exacerbées. Pourtant, malgré ces difficultés, le niveau territorial représente un échelon pertinent pour réfléchir et agir en situation de restructuration d'entreprise.

Les effets des restructurations sont multiples et s'apparentent plus à un ensemble de dimensions enchevêtrées qu'à une séquence causale et linéaire... Datta *et al.* [2010] ont tenté récemment de construire un cadre d'analyse intégré des causes et des conséquences du *downsizing* fondé sur une analyse très complète des études empiriques parues sur le sujet depuis vingt-cinq ans. Ils distinguent les facteurs environnementaux et les facteurs organisationnels, deux types de facteurs influençant le type et le processus de restructuration, puis ils détaillent les conséquences individuelles et les conséquences organisationnelles des restructurations (laissant au passage dans l'ombre

Cap Compétences et les Chantiers de l'Atlantique

« L'opération Cap Compétences s'inscrit dans le contexte fortement cyclique du secteur de la construction navale. Fin 2003, étant donné leur carnet de commandes de navires, les Chantiers de l'Atlantique peuvent anticiper une chute drastique de leur volume de charge pour les deux années à venir. Cependant, ils savent également que, une fois ce cap difficile passé, l'activité reprendra et retrouvera, selon toute probabilité, son niveau antérieur. Dès lors, l'enjeu devient : "Comment faire face à la situation de sous-charge qui s'annonce sans pour autant compromettre l'avenir en entamant trop durement le potentiel de production et le réservoir de compétences et de savoir-faire qui fait la force du pôle naval de Saint-Nazaire ?"

La problématique est double, puisqu'il faut à la fois résoudre la question de l'avenir immédiat des salariés des Chantiers et préserver, autant que faire se peut, les sous-traitants des effets du creux de charge. La question est stratégique, car ces mêmes sous-traitants apportent 75 % de la valeur ajoutée des navires.

En réponse à ces différentes préoccupations, les acteurs du territoire de Saint-Nazaire ont collectivement mis en place un ambitieux dispositif d'aide qui, dans une optique d'"entreprise étendue", s'adresse tout à la fois aux Chantiers de l'Atlantique et à ses sous-traitants : Cap Compétences. Le dispositif comporte deux volets complémentaires. Le premier volet de l'opération s'articule autour de la mise en place d'un vaste plan de formation du personnel afin de maintenir le niveau des effectifs et d'éviter les mises en chômage partiel, tout en mettant utilement à profit le sous-emploi des salariés induit par la moindre charge de travail. Le second axe de l'opération se compose de programmes principalement destinés aux entreprises sous-traitantes. Ils ont notamment pour objectif de les aider à améliorer leurs performances internes et à accroître leur volume d'activité, en recourant à des démarches d'innovation et de diversification, à la conquête de nouveaux marchés, etc., afin de renforcer, *in fine*, leur capacité de résistance aux fluctuations conjoncturelles de la filière navale. »

Source : Garaudel *et al.* [2006], *www.mire-restructuration.eu*.

le niveau territorial). Cette synthèse est la preuve, si besoin en est, que la connaissance des mécanismes des restructurations s'est sensiblement enrichie ces dernières années. Pour autant, qu'en est-il des politiques et des pratiques de gestion dans ce domaine ? Est-on en mesure, compte tenu de cette connaissance accrue de leurs causes et de leurs effets — aussi complexes soient-ils —, de définir des orientations, des actions et des dispositifs qui permettent de prendre en compte les facteurs contextuels en amont et d'amenuiser la force des effets en aval des opérations de restructuration ?

IV / Dépasser les « bonnes pratiques »
   de gestion des restructurations

Les restructurations produisent leur cortège d'effets, à différents niveaux, à différents termes (immédiats, à moyen et long termes), plus ou moins visibles, plus ou moins profonds. Quels dispositifs, quelles attitudes ou quels principes directeurs permettraient alors *a minima* de limiter leurs conséquences pour les individus, comme pour les collectifs de travail, les organisations ou les territoires ? Cette question renvoie à la possibilité et à la pertinence de prescriptions en matière de gestion des restructurations. Elle a été abordée diversement par les spécialistes : on trouve d'abord invariablement une série de « bonnes pratiques » énoncées dans la littérature, souvent éminemment normatives, acontextualisées et stériles ; on trouve également un ensemble d'idées ou d'orientations plus ancrées et plus constructives, notamment au plan européen, issues de projets et rapports divers, et qui contribuent sans doute à institutionnaliser une certaine vision et certaines formes de pratiques dans la gestion des restructurations. De ces propositions émergent néanmoins des questions fondamentales qui constituent, et constitueront dans un avenir proche, une partie des défis économiques, sociaux et politiques à relever en la matière.

Profusion et limites des « bonnes pratiques » managériales

La littérature, académique et managériale, regorge de listes de « bonnes pratiques », et ce depuis deux à trois décennies, essentiellement issues de travaux anglo-saxons. Les travaux de Cameron [1994] sont abondamment cités sur le sujet et aboutissent à la formulation d'une trentaine de prescriptions (autour des approches à privilégier, de la préparation des restructurations, de l'implication des différents acteurs, du leadership, de la communication, de la réduction des coûts, de la mesure et de la mise en œuvre). Plus récemment, dans la célèbre revue du MIT, la *Sloan Management Review*, trois professeurs américains listent cinq « bonnes pratiques » de *downsizing* qui peuvent atténuer selon eux les effets négatifs de l'opération : réduire les coûts sans réduire la force de travail ; réduire la force de travail sans licenciements forcés ; délivrer des messages clairs et précis ; donner la parole aux salariés ; être juste et compatissant [Zatzick *et al.*, 2009]. Ils prennent la précaution de préciser toutefois qu'il n'existe pas de solution « clés en main » en la matière, mais que les managers doivent au contraire veiller à adapter leurs actions de restructuration au type de démarche (réactive ou proactive) et au type d'approche vis-à-vis des salariés (orientée implication ou orientée contrôle). Ils proposent alors une matrice en quatre quadrants correspondant à quatre types de situations et quatre types de pratiques de restructuration à privilégier.

D'autres travaux, issus de la sphère du consulting, restent essentiellement normatifs, reposent sur une universalité supposée des pratiques, sans réflexion sur les contextes dans lesquelles elles s'inscrivent, et semblent finalement sans véritable portée opérationnelle. L'encadré qui suit en est une illustration parmi d'autres.

**Des rapports successifs, en France et en Europe,
aux lignes directrices communes**

Plus ancrés dans une analyse précise et empirique des pratiques existantes, notamment au plan européen, une série de rapports sont parus depuis une dizaine d'années qui posent des constats et formulent des recommandations pour une meilleure gestion des restructurations. Beaujolin-Bellet et Schmidt [2007] en proposent une analyse transversale et montrent comment, au-delà des divergences de points de vue et de propositions, ressortent quelques lignes fortes, parmi lesquelles celles d'anticiper, de négocier, de coopérer entre acteurs et à différents niveaux, et d'évaluer.

Un exemple typique de prescriptions managériales en matière de *downsizing* : les facteurs critiques

1. Le temps est critique. Ce qui est approprié au moment où les personnes sont émues et bouleversées n'est plus aussi efficace six mois après.

2. La capacité des leaders à « lire » les sentiments et perceptions du personnel est également critique : cela permet de prendre les bonnes décisions au bon moment.

3. Les leaders doivent être capables d'accepter sans juger les réactions émotionnelles du personnel : ils seront ainsi eux-mêmes de meilleurs leaders, ce qui améliorera la volonté du personnel de les suivre.

4. Les leaders doivent aider le personnel à recentrer son attention sur le fait que le travail soit réalisé et que l'organisation soit meilleure dans le futur.

5. Les leaders doivent gérer leurs propres réactions émotionnelles afin de rester eux-mêmes en bonne forme et productifs.

6. Les leaders devraient se préparer au *downsizing* avant qu'il ne soit annoncé. En d'autres termes, il devrait y avoir une stratégie pour aider le personnel, répondre aux questions pratiques qui émergent et conduire l'organisation vers l'avenir.

7. L'erreur la plus fréquente des managers en matière de *downsizing* est de sous-estimer la nécessité de gérer les choses. Ils risquent de perdre le respect et la confiance des salariés.

Source : extrait et traduit de Robert Bacal, Bacal & Associates, http://workhelp.org/content/view/163/51.

L'anticipation : de l'idée émergente au leitmotiv

Lancée notamment dans le rapport Aubert [2002], l'idée de l'anticipation des restructurations a fait son chemin, en France et en Europe, en écho aux démarches de gestion prévisionnelle des emplois et des compétences (GPEC) introduites deux décennies plus tôt. L'anticipation renvoie ici à une double acception : d'une part, un partage anticipé de l'information sur les difficultés économiques éventuelles et sur la stratégie de l'entreprise, voire une annonce précoce de la décision de restructuration par la direction ; d'autre part, une préparation des salariés et des territoires aux conséquences des restructurations. Pour les salariés, elle renvoie notamment au recours à des formations professionnelles, voire à des démarches de développement d'employabilité. Pour les territoires, elle implique des politiques de développement d'activités, préventives, voire permanentes. Dans ses deux formes, l'anticipation repose sur le fait de ne pas attendre le moment même de l'annonce de la restructuration pour informer les parties prenantes des difficultés et des projets de l'entreprise, et pour préparer les salariés et les territoires concernés à l'échéance ou à l'éventualité d'une rupture nécessitant des transitions professionnelles.

L'anticipation se trouve également au cœur des discours et des orientations de la communauté européenne, qui a d'ailleurs récemment créé une plate-forme interactive, Anticipedia, dédiée aux questions de restructuration et d'anticipation. Le projet AgirE, soutenu par le Fonds social européen, l'inscrit explicitement dans sa raison d'être, partant du constat selon lequel « le manque principal d'analyse reste celui de la capacité de l'Union à anticiper les restructurations » [Battut et Moreau, 2008].

Mais la force de ce leitmotiv de l'anticipation des restructurations reflète indéniablement l'ampleur des freins qui persistent. L'un des facteurs tient à la dissonance temporelle existant entre, d'une part, le rituel ponctuel de l'information-consultation prévu dans le droit français et dans le droit communautaire, et, d'autre part, le mouvement perpétuel des restructurations [Ray, 2006]. D'autres freins peuvent être relevés [Beaujolin-Bellet *et al.*, 2007] : la peur (de la part des directions) des réactions en interne qui risqueraient d'enrayer le bon fonctionnement de l'entreprise, la crainte des effets en cascade envers les clients, les fournisseurs, etc., mais aussi la difficulté pour certains dirigeants à reconnaître d'autres acteurs comme légitimes dans le processus de décision. Les chocs de temporalités en jeu, associés à la force du secret de la décision de restructurer, expliquent pour beaucoup les réticences à l'anticipation.

La négociation et/ou la coopération : pour une approche multi-acteurs et multiniveaux

Les rapports français sur l'emploi et les restructurations préconisent de façon récurrente des formes de concertation, de négociation et d'articulation entre les différents niveaux et acteurs dans la construction de nouvelles régulations. Ils avancent la nécessité d'inscrire la construction de ces nouvelles régulations dans un cadre de négociation sociale. Ces deux voix/voies de la coopération et de la négociation sont par ailleurs en phase avec les recommandations européennes en la matière. C'est ce qui ressort du rapport MIRE, par exemple, qui recommande que, « dans le cadre particulier du dialogue social en situation de restructuration, trois principes d'action tiennent une place déterminante : la transparence des décisions prises ; des négociations sur la nature des solutions et sur la manière dont elles devraient être mises en œuvre ; et l'implication de toutes les parties prenantes et institutions concernées par le problème » [MIRE, 2006].

Quelle signification donner à cet appel lancinant à des actions négociées ? Révèle-t-il une difficulté particulière des acteurs à cheminer vers de tels processus, nécessitant des réitérations multiples ? Quels sont alors les freins à ces formes de coopération et de négociation ? Révèle-t-il au contraire une forme émergente de modalités de construction de régulations sociales, telles qu'elles s'opéreraient déjà, mais de façon éparse ? Quelles sont alors les conditions de transférabilité de ces pratiques locales ?

En France, les appels à cheminer vers des restructurations négociées s'inscrivent dans un contexte récent d'échec des négociations interprofessionnelles sur les restructurations (en 2004) et dans un contexte historique de « longue absence » de la négociation sur l'emploi [Freyssinet, 2010]. Cette absence s'expliquerait en premier lieu par la posture historique du patronat (qui « rejette toute tentative de régulation de l'activité macroéconomique ») et des organisations syndicales (qui « ne sont pas enclines à revendiquer des responsabilités dans le domaine de l'emploi »). Freyssinet [2010] invoque en deuxième lieu le cloisonnement lui aussi historique des deux sphères de négociation collective, sur les salaires et sur l'emploi.

Cette question de la négociation est à poser également au plan territorial, dans une vision étendue du dialogue social, qui peut se traduire par la mise en place d'« instances multi-acteurs regroupant des représentants des territoires, des entreprises et des syndicats au sein desquelles, en particulier, les entreprises seraient incitées à transmettre leurs décisions en matière de restructuration, et pour lesquelles les acteurs pourraient disposer de moyens permettant la sollicitation d'experts, de chercheurs, de consultants » [MIRE, 2006].

La nécessité (et la difficulté) d'évaluer les dispositifs et les pratiques

Les évaluations complètes et précises des opérations de restructuration restent rares et compliquées à mener. Même dans le cadre très formalisé du plan social (ou PSE) en France, le suivi et l'évaluation par l'entreprise des dispositifs mis en œuvre sont au mieux partiels, au pire inexistants (voir par exemple le

---

Exemples de propositions reprenant les idées-forces prônées en Europe pour la gestion des restructurations

Les propositions du Conseil d'orientation pour l'emploi en 2010

1. Mieux anticiper les mutations par le dialogue social dans l'entreprise.

2. Élargir le champ des possibles pour les salariés.

3. Prévenir les difficultés des entreprises.

4. PSE : faciliter la négociation des PSE et en améliorer la portée.

5. Plus d'anticipation pour les salariés intérimaires ou employés des sous-traitants.

6. Tirer les meilleures conséquences des dispositifs CTP (contrats de transition professionnelle)/CRP (conventions de reclassement personnalisé) et améliorer encore ces derniers.

7. Tirer le meilleur profit des dynamiques des territoires.

8. Donner plus de cohérence aux actions de revitalisation.

9. Appui au maintien dans l'emploi des salariés âgés.

Source : *Mutations économiques, reclassement, revitalisation,* juillet 2010.

Les propositions de l'Igas (Inspection générale des affaires sociales) en 2009

1. Cerner le contexte.

2. Anticiper les mutations économiques : anticipation « froide », « chaude » et « tiède ».

3. Gérer et accompagner les PSE.

4. Revitaliser les territoires.

5. Mieux organiser l'action publique à ces fins.

Source : Boulanger *et al.* [2009].

---

diagnostic que posent Cornolti, Moulin et Schmidt [2001] sur le suivi des plans sociaux). Ceci laisserait à penser que, une fois remplis les objectifs de respect des obligations légales, d'atteinte d'un accord en interne et de mise en application des mesures du plan, il serait superflu (ou dérangeant ?) de poursuivre par une évaluation détaillée du plan. Pourtant, comme le souligne Aubert, ce déficit d'évaluation des mutations actuelles « engendre l'occultation et l'impossibilité d'apprentissage collectif des situations » [Aubert, 2008]. Ceci vaut, *a fortiori*, lorsque les restructurations s'inscrivent dans un cadre moins formel : la montée du degré d'individualisation de la relation d'emploi conduit à une multiplication des ruptures conventionnelles dont on sait aujourd'hui peu de chose en termes d'effets à plus ou moins long terme sur les trajectoires des individus comme sur le fonctionnement des organisations.

Au plan territorial, des actions pour anticiper et négocier
les restructurations

En termes de politiques publiques, les décisions étatiques, formelles et centralisées, coexistent de plus en plus avec des actions collectives locales, informelles et décentralisées, impliquant une pluralité d'acteurs et constituant souvent des initiatives isolées et construites « à bas bruit » [Aggeri et Pallez, 2005]. Les dispositifs qualifiés d'innovants analysés dans le cadre du programme européen MIRE illustrent bien cette idée. Il s'agit à la fois d'assurer l'accompagnement des transitions professionnelles des salariés directement ou indirectement concernés par des suppressions d'emplois ; le maintien, dans le bassin d'emploi, d'une main-d'œuvre qualifiée ; la création et le développement de nouveaux emplois ou de nouvelles activités ; le renforcement de la compétitivité des entreprises locales, en particulier s'agissant des PME ; d'une façon plus générale, la définition d'un nouveau plan stratégique global pour le territoire. Au-delà d'une certaine diversité des dispositifs, des points récurrents sont soulignés : les actions sociales et économiques sont articulées entre elles dans une vision holistique ; un vaste réseau d'acteurs — publics et privés, dans et hors de l'entreprise — est mobilisé autour de finalités partagées même si les logiques initiales de chacun sont divergentes ; et des modes de coordination, plus ou moins formalisés, sont inventés, souvent sur la base de relations ou expériences préexistantes [Beaujolin-Bellet, 2008]. L'existence d'un véritable dialogue social territorial est un élément majeur de ces coordinations locales. Et, dans tous les cas, ceci n'est possible que lorsque l'entreprise qui restructure annonce suffisamment tôt sa décision, ce qui rejoint l'impératif d'anticipation.

Une boîte à outils « fonctionnelle » pour la gestion
des restructurations

Dans le prolongement de ces rapports, une tentative intéressante d'opérationnalisation est à trouver dans l'*European Restructuring Toolbox* [Bruggeman *et al.*, 2010]. La question des restructurations est réinscrite dans le cadre plus général des modèles de gestion de l'emploi et des modalités de régulation

**Les quatre séries
de recommandations issues
du projet européen MIRE**

L'*anticipation* est une forme d'action qui vise à agir sur les deux vecteurs principaux de transformation des restructurations en crise : le manque de temps et le manque de ressources des acteurs concernés. Deux types d'actions favorisant le développement d'une capacité permanente de changement sont ici en cause : celles visant à renforcer la prévision et celles relatives à l'employabilité.

La *prévention* vise à limiter la portée et les conséquences de la rupture qu'engage la restructuration. Quatre types d'actions sont ici à envisager : la transparence de la prise de décision, les actions sur le nombre et la nature des suppressions d'emplois à réaliser, celles sur les modalités de sélection des salariés licenciés et celles concernant la gestion préventive des effets des suppressions d'emplois sur les hommes et les territoires.

La *réparation* a pour objet d'éliminer les dangers auxquels se trouvent exposés les hommes et les territoires victimes des suppressions d'emplois engagées par la restructuration. Deux types d'actions sont alors à prendre en considération : les actions d'accompagnement des salariés sans emploi et celles de la redynamisation des territoires touchés.

L'*évaluation* apparaît *in fine* comme la clé de voûte d'un dispositif cohérent de gestion de l'emploi en situation de restructuration. Elle s'entend sous trois aspects complémentaires : les évaluations normatives en tant que mesure des résultats ; les évaluations quantitatives et qualitatives en tant qu'outils de pilotage ; les retours d'expériences en tant qu'outils d'apprentissage. Or c'est aussi la dimension qui, dans tous les pays participants, présente les lacunes les plus manifestes.

Source : www.mire-restructuration-eu

des marchés du travail, dans la perspective des marchés transitionnels du travail qui, appliquée aux restructurations, consiste à organiser, systématiquement et de manière négociée, les transitions afférentes, en particulier entre deux emplois ou entre emploi et non-emploi. Un précieux inventaire des dispositifs mis en œuvre dans différents pays européens est ensuite dressé. Et, plutôt que de tomber dans le piège (ou la « tristesse », selon les auteurs) des bonnes pratiques, une boîte à outils bien fournie est proposée (soixante et un outils utilisés dans différents pays), dans laquelle les acteurs peuvent piocher, non pas à la recherche du dispositif miracle implanté çà ou là, mais à la recherche des « équivalents fonctionnels » des pratiques existantes. Au-delà des débats souvent stériles sur le poids des cultures nationales et la transférabilité des outils et pratiques, il s'agit alors de « traduire » des outils et pratiques, ayant fait leurs preuves dans un contexte particulier, dans le « langage » d'un autre contexte institutionnel ou sociétal. Chaque dispositif est décrit en indiquant ses modalités usuelles de mise en œuvre, ses facteurs de succès, ses défauts, ses coûts, et quelques exemples sont donnés pour les illustrer. Chaque outil remplit tout ou partie de six fonctions clés : 1) développer une approche prévisionnelle multi-acteurs des tendances économiques ; 2) organiser la revitalisation des territoires sur la base de stratégies territoriales du développement ; 3) développer l'employabilité des salariés en activité ; 4) développer le dialogue social et le dialogue multi-acteurs des actions collectives des employeurs pour sécuriser l'emploi ; 5) manager les crises ; 6) organiser les transitions professionnelles de façon dynamique.

Si la proposition est séduisante, elle se heurte néanmoins à deux types de difficultés : d'une part, si la traduction dans un contexte spécifique semble possible, elle ne signifie pas pour autant qu'il existe des porteurs de projet, individuels ou collectifs, qui puissent initier ou s'emparer du dispositif ainsi traduit ; d'autre part, cela (re)pose l'éternelle question de l'évaluation des dispositifs de gestion/régulation des restructurations. En particulier, l'évaluation de ce qu'est une « bonne transition » paraît bien délicate, que ce soit au plan méso- et macroéconomique ou au plan identitaire individuel.

Quelles responsabilités dans la gestion des restructurations ?

Employeurs, pouvoirs publics, syndicats, managers, salariés en général : dans quelle mesure ces acteurs portent-ils une responsabilité particulière dans les situations de restructuration ? Se dirige-t-on vers un partage (équitable ?) des responsabilités ? L'État doit-il occuper une place à part dans le jeu des acteurs ou doit-il être un acteur parmi d'autres ? Certains insistent fortement sur la centralité du rôle de l'État, doublée d'une invitation réitérée à une posture offensive de ce dernier. D'autres au contraire relativisent sa place (« l'État ne peut pas tout »), en l'inscrivant de façon plus nette dans un système d'acteurs et en lui conférant la responsabilité spécifique de garant de l'équité, grâce à une concentration de ses actions sur des secteurs ou des populations sensibles (les seniors, les petites entreprises, les personnes fragiles, etc.).

**Employabilité et partage
de responsabilités :
« Vous avez dit employabilité ? »**

« Une notion, empruntée à nos cousins québécois et lancée par Développement et Emploi il y a deux ans environ, commence à faire fortune dans le jargon des ressources humaines, bien que ce ne soit pas une réussite linguistique à proprement parler : l'employabilité. Elle désigne la capacité individuelle à se maintenir en état de trouver un autre emploi que le sien, dans ou hors métier exercé actuellement.

Cette capacité fait appel à la fois au bagage accumulé d'expériences et de compétences utiles dans son métier actuel ou ailleurs, à la volonté d'anticipation et à l'autonomie que chacun doit manifester pour prendre le dessus d'une situation de changement, à la largeur de l'information et du champ de vision dont il dispose pour orienter ses choix.

Selon les individus, le cocktail de ces trois composantes n'est évidemment pas le même, mais dans tous les cas son existence dépend largement de la politique qu'aura menée l'entreprise pour aider ses salariés à acquérir cette employabilité, cette possibilité de se sentir paré à toute éventualité. »

Selon les auteurs, la construction de l'employabilité relève d'une responsabilité partagée entre quatre types d'acteurs : le chef d'entreprise ou le comité de direction (principes directeurs de la GRH, formation, mobilité professionnelle et organisation du travail) ; l'encadrement de proximité (gestion des compétences au quotidien incluant évaluation, envoi en formation, évolution de l'organisation du travail, gestion concrète de la mobilité) ; les organisations syndicales (évolution des carrières et des rémunérations en fonction des compétences exercées et non de l'ancienneté ou des nuisances des postes de travail) ; et le salarié (implication de son avenir professionnel et développement de ses compétences).

Source : Sauret et Thierry [1993].

La question du partage des responsabilités renvoie par ricochet à la question de l'objet de la responsabilité : s'agit-il de l'anticipation des restructurations à venir, de la prise de décision de restructurer en elle-même, du maintien des salariés dans l'emploi, du maintien de leur employabilité, ou encore de la sécurisation des transitions professionnelles, etc. ? Ces différents objectifs peuvent-ils être atteints et, si oui, par l'exercice de quelle(s) responsabilité(s) ? Les juristes rappellent que l'employeur demeure seul juge de sa gestion. Les mécanismes de restructuration attestent de leur caractère en partie imprévisible, tout en étant permanent, ce qui explique la priorité donnée au maintien de l'employabilité et à la sécurisation des transitions professionnelles. La construction de l'employabilité relève d'ailleurs d'une responsabilité partagée, comme l'avaient initialement souligné Sauret et Thierry [1993].

Quels leviers permettraient alors de garantir des trajectoires professionnelles qui, malgré les ruptures, éviteraient la précarisation, la déstabilisation identitaire, la dégradation de la santé ? Comment repenser la régulation sociale entre les recours à la loi, à la négociation ou au contrat ? Depuis une dizaine d'années, les discours et les pratiques sur la responsabilité sociale des entreprises (RSE) se multiplient, certes avec leur lot de dérives et de critiques, et s'inscrivent dans une approche en termes de « parties prenantes », reposant sur la volonté des organisations et la pression de leur environnement, et non sur un cadre légal. Mais, comme le souligne Ray [2006], la RSE « est, comme le droit du travail, ambivalente », au sens où elle répond pour les entreprises à des enjeux de réputation et d'image, en même temps qu'elle peut contribuer à mieux protéger les salariés. En outre, la logique d'« horizontalisation » des processus de discussion entre parties prenantes propre à la RSE se traduit-elle par une répartition équilibrée des pouvoirs permettant un impact effectif sur les décisions de restructuration [de Nanteuil, 2009] ? La RSE ne peut suffire à assurer la régulation sociale des restructurations qui renvoie à des enjeux d'intérêt général relevant du politique.

La question des responsabilités et de leur partage entre catégories d'acteurs ne règle pas tout. Elle pourrait même faire oublier celles, plus profondes encore, de légitimité et d'équité : suffit-il de « bien faire » ce dont on est responsable pour ne pas avoir à justifier de la légitimité et de l'équité de ce que l'on a décidé ou réalisé ? Dans la recherche de nouvelles régulations sociales, c'est bien l'argument de l'équité qui préside à l'énoncé de normes universelles... et on peut alors se demander si ces normes peuvent raisonnablement être valides et viables. En revanche, dans la voie du déploiement de processus multi-acteurs, le chemin poursuivi est celui d'une quête de légitimité d'actions collectivement construites... et on peut alors se demander si ce chemin est en mesure de produire des formes d'équité. Cette tension entre équité et légitimité constitue-t-elle une incontournable aporie ? Une (ré)conciliation entre critères d'équité et critères de légitimité ne pourrait-elle pas être recherchée dans l'articulation entre un socle de règles communes soucieuses d'une plus grande équité et des processus multi-acteurs orientés vers une recherche de légitimité ?

Repères bibliographiques

Repères bibliographiques

AGGERI F. et PALLEZ F. [2005], « Restructurations, délocalisations, les nouvelles formes de l'action territoriale », *Revue de l'Ires*, n° 47, p. 235-258.

ALLOUCHE J. et AMANN B. [2008], « Nature et performances des entreprises familiales », *in* SCHMIDT G. (dir.), *Le Management : fondements et renouvellements*, Paris, Éditions Sciences humaines, p. 223-232.

ALLOUCHE J., AMANN B. et GARAUDEL P. [2008], « Performances et caractéristiques financières comparées des entreprises familiales et non familiales : le rôle modérateur de la cotation en Bourse et du degré de contrôle actionnarial », *Le Journal des entreprises familiales*, n° 1.

ALLOUCHE J. et FREICHE J. (dir.) [2007], *Restructurations d'entreprise : regards croisés*, Paris, Vuibert, « AGRH ».

ALLOUCHE J., LAROCHE P. et NOËL F. [2008], « Restructurations et performances de l'entreprise : une méta-analyse », *Finance-Contrôle-Stratégie*, vol. 11, n° 2, p. 105-146.

AMOSSÉ T., PERRAUDIN C. et PETIT H. [2009], « Modalités juridiques des ruptures d'emploi et perception des salariés. Le cas de la France à la fin des années 1990 », *in* GOMEL B., MÉDA D. et SERVERIN E., *L'Emploi en ruptures*, Paris, Dalloz, p. 99-117.

ANTOINE M., DEFLANDRE D., PICHAULT F., NAEDENOEN F. et RENIER N. [2006], *Faut-il brûler la gestion des compétences ?*, Bruxelles, De Boeck Université.

ARCIMOLES C.-H. D' [1995], *Diagnostic financier et gestion des ressources humaines : nécessité et pertinence du bilan social*, Paris, Economica.

ARCIMOLES C.-H. D' et FAKHFAKH F. [1997], « Licenciements, structure de l'emploi et performance de l'entreprise », *in* TREMBLAY M. et SIRE B., *GRH face à la crise : GRH en crise*, Montréal, Presses HEC Montréal, p. 21-36.

ARDENTI R. et VRAIN P. [1991], « Licenciements économiques, plans sociaux et politiques de gestion de la main-d'œuvre des entreprises », *Travail et Emploi*, n° 50, p. 15-32.

ARMSTRONG-STASSEN M. et SCHLOSSER F. [2008], « Taking a positive approach to organizational downsizing », *Canadian Journal of Administrative Sciences/Revue canadienne des sciences de l'administration*, n° 25, p. 93-106.

ARSHAD R. et SPARROW P. [2010], « Downsizing and survivor reactions in Malaysia : modelling antecedents and outcomes of psychological contract violation », *The International Journal of Human Resource Management*, vol. 21, n° 11, septembre, p. 1793-1815.

ARTHUIS J. [2005], « La globalisation de l'économie et les délocalisations d'activités et d'emplois », *Rapport d'information du Sénat*, n° 416.

AUBERT J.-P. [2002], « Mutations industrielles, mode d'emploi », note de synthèse du *Rapport au Premier ministre sur les mutations industrielles*.

— [2008], « La nature paradoxale du projet de connaissance actionnable », *in* BEAUJOLIN-BELLET R. et SCHMIDT G. (dir.), *Restructurations d'entreprises, des recherches pour l'action*, Paris, Vuibert, « AGRH », p. 159-174.

AUBERT J.-P. et BEAUJOLIN-BELLET R. [2004], « Les acteurs de l'entreprise face aux restructurations : une délicate mutation », *Travail et Emploi*, n° 100, p. 99-112.

AUCOUTURIER A.-L., BERTRAND H. et VERMEL N. [1996], *Les Cellules de reclassement : à quoi servent-elles ?*, Paris, La Documentation française.

BALMARY D. [2004], « Les licenciements économiques : du contrôle à la négociation ? », *Droit social*, n° 3, mars, p. 272-278.

BALOGUN J. et JOHNSON G. [2004], « Organizational restructuring and middle manager sensemaking », *Academy of Management Journal*, vol. 47, n° 4, p. 523-549.

BATTUT M. et MOREAU M.-A. [2008], « L'anticipation des restructurations dans l'Union européenne », *Rapport final du projet AgirE*, www.fse-agire.com.

BEAUJOLIN R. [1999], *Les Vertiges de l'emploi, l'entreprise face aux réductions d'effectifs*, Paris, Grasset/*Le Monde*.

BEAUJOLIN-BELLET R. [2008], « Le territoire, laboratoire d'innovations en matière de gestion des conséquences des restructurations », *Revue de gestion des ressources humaines*, n° 70, p. 17-29.

BEAUJOLIN-BELLET R. et BOBBIO M. [2010], « Développer une véritable "démarche de contrôle et d'évaluation des cellules de reclassement" », *Revue de l'Ires*, vol. 66, n° 3, p. 35-61.

BEAUJOLIN-BELLET R., BOBBIO M. et MOULIN Y. [2009], « Transitions professionnelles à l'issue de plans sociaux : des parcours chaotiques ? », *Éducation permanente*, n° 181, décembre, p. 77-89.

BEAUJOLIN-BELLET R., BRUGGEMAN F. et PAUCARD D. [2006], « Décisions de restructuration et jeux d'acteurs : la construction de l'acceptabilité sociale des licenciements accompagnés de plans sociaux », *Management et Avenir*, n° 9, p. 65-81.

BEAUJOLIN-BELLET R., CORNOLTI C., KUHN A. et MOULIN Y. [2007], « L'anticipation partagée des restructurations à l'épreuve des faits », *Travail et Emploi*, n° 109, p. 11-23.

BEAUJOLIN-BELLET R. et MOULIN Y. [2008], « Restructurations accompagnées de suppressions d'emplois : quand les managers locaux promeuvent et conduisent un schéma alternatif à la décision prise par la direction du groupe », *Congrès de l'AIMS*, Nice, 27-30 mai.

BEAUJOLIN-BELLET R. et SCHMIDT G. [2007], « Les restructurations : une vision française institutionnelle (2000-2005) », *in* ALLOUCHE J. et FREICHE J., *Restructurations : regards croisés*, Paris, Vuibert, p. 217-244.

BENKO G. [2006], « Éditorial », *Espaces et Sociétés*, n° 2-3, p. 11-16.

BENNETT N., MARTIN C.L., BIES R.J. et BROCKNER J. [1995], « Coping with a layoff : a longitudinal study of victims », *Journal of Management*, vol. 21, n° 6, p. 1025-1040.

BÉROUD S., DENIS J.-M., GIRAUD B. et PÉLISSE J. [2008], « Une nouvelle donne ? Regain et transformation des conflits au travail », *in* AMOSSÉ T., BLOCH-LONDON C. et WOLFF L., *Les Relations sociales en entreprise, un portrait à partir d'enquêtes « Relations professionnelles et négociations d'entreprise »*, Paris, La Découverte, « Recherches », p. 223-255.

BERRY M. [1983], *Une technologie invisible ? L'impact des instruments de gestion sur l'évolution des systèmes humains*, Paris, Centre de recherche en gestion de l'École polytechnique.

BERTON F. et PEREZ C. [2010], « Démission et licenciements, quels liens avec les changements organisationnels et/ou technologiques des entreprises ? », *Cahiers du LISE*, n° 3.

BOISSARD D. [2003], « La médiatisation des conflits du travail », *Droit social*, n° 6, juin, p. 615-620.

BOLTANSKI L. et CHIAPELLO È. [1999], *Le Nouvel Esprit du capitalisme*, Paris, Gallimard, « NRF/Essais ».

BOLTANSKI L. et THÉVENOT L. [1991], *De la justification. Les économies de la grandeur*, Paris, Gallimard, « NRF/Essais ».

BOULANGER J.-M., DEUMIE B. et LAROQUE M. [2009], « L'anticipation des restructurations, l'accompagnement et la gestion des PSE, la mise en œuvre des conventions de revitalisation », *Rapport de l'Inspection générale des affaires sociales*, septembre.

BOURGUIGNON A. [2007], « Are management systems ethical ? The reification perspective », *in* DJELIC M.-L. et VRANCEANU R. (dir.), *Moral Foundations of Management Knowledge*, Cheltenham, Edward Elgar, p. 221-243.

BOURGUIGNON R. [2009], *L'Influence syndicale sur les décisions de suppression d'emplois. Le cas français*, thèse de doctorat en sciences de gestion, IAE de Paris, université Paris-I-Panthéon-Sorbonne.

BOURGUIGNON R., CORNOLTI C., FABRE C. et FRANÇOIS-PHILIP BOISSEROLLES DE SAINT-JULIEN D. [2008], « Vingt-cinq ans de travaux consacrés aux survivants des restructurations : bilan et analyse des connaissances actionnables », *in* Beaujolin-Bellet R. et Schmidt G., *Restructurations d'entreprises. Des recherches pour l'action*, Paris, Vuibert, p. 49-68.

Bourguignon R. et Guyonvarc'h M. [2010], « Septembre 2008-novembre 2009, bilan d'activité sur la gestion des plans sociaux en temps de crise », *Rapport d'étude pour le cabinet Syndex*, chaire Mutations-Anticipations-Innovations de l'IAE de Paris.

Bowman E.H. et Singh H. [1993], « Corporate restructuring, reconfiguring the firm », *Strategic Management Journal*, vol. 14, p. 5-14.

Boyer T. [2005], « Déconstruction du projet de licenciement », *Revue de l'Ires*, numéro spécial *Restructurations, nouveaux enjeux*, vol. 47, n° 1, p. 175-193.

Brockner J., Grover S., O'Malley S., Reed T. et Glynn M.A. [1993], « Threat of future layoffs, self-esteem, and survivors' reactions : evidence from the laboratory and the field », *Strategic Management Journal*, vol. 14, p. 153-166.

Brouté R. [2010], « La genèse des restructurations en France, le tournant des années soixante », *in* Didry C. et Jobert A., *L'Entreprise en restructuration, dynamiques institutionnelles et mobilisations collectives*, Rennes, PUR, p. 45-56.

Bruggeman F. [2005], « Plans sociaux : l'impossible accompagnement social des licenciements économiques ? », *Revue de l'Ires*, vol. 47, n° 1, p. 215-231.

Bruggeman F., Gazier B. et Paucard D. [2010], « User's manual », *in* Bruggeman F. et Lavergne F. de, *European Restructuring Toolbox, Capitalising on Past and Present Innovations to Anticipate Restructuring Processes*, Progress Project, VS/2009/0319, Amnyos, juillet.

Bruggeman F., Lapotre M., Paucard D. et Thobois P. [2002], « Plans sociaux et reclassements : quand l'innovation est promue par les représentants des salariés. Études de 12 cas », *Document d'étude Dares*, juin.

Bruggeman F., Paucard D. et Roturier P. [2004], « Retours sur les restructurations », *Regards-Cahiers de Syndex*, n° 6, numéro spécial.

Bruggeman F., Paucard D. et Tüchszirer C. [2004], « Privé-public : une analyse des cellules de reclassement par l'examen des jeux d'acteurs », *Rapport Aedex-Ires pour la DGEFP*.

Cameron K.S. [1994], « Strategies for successful organizational downsizing », *Human Resource Management*, vol. 33, n° 2, p. 189-211.

Campinos-Dubernet M. [2003], « Des restructurations discrètes : reconstruire l'emploi face à la mondialisation », *Travail et Emploi*, n° 95, juillet, p. 41-57.

Cascio W.F. [1993], « Downsizing : what do we know ? What have we learned ? », *Academy of Management Executive*, vol. 7, n° 1, p. 95-104.

Cascio W.F., Young C.E. et Morris J.R. [1997], « Financial consequences of employment change decisions in major US corporations », *Academy of*

Management Journal, vol. 40, n° 5, p. 1175-1189.

Cavalli S. [2007], « Modèle de parcours de vie et individualisation », *Gérontologie et Société*, n° 123, p. 55-69.

Centre de perfectionnement aux affaires [2002], *Modèles d'organisation, accompagner les mutations de l'entreprise*, Paris, Village mondial/Pearson Education.

Chassard Y., Bedok D., Louis B. et Tessier M. [2002], « Licenciements collectifs pour motif économique : comment font nos partenaires ? », *Premières Informations, Premières Synthèses*, Dares, vol. 35, n° 3.

Chollet S. et Didry C. [2007], « Le fonctionnement des instances représentatives du personnel à la Samaritaine », *Document de travail n° 07-04*, Institutions et dynamiques historiques de l'économie, École normale supérieure de Cachan.

Clair J.A. et Dufresne R.L. [2004], « Playing the grim reaper : how employees experience carrying out a downsizing », *Human Relations*, vol. 57, n° 12, p. 1597-1625.

Cohen D. [2006], *Trois Leçons sur la société postindustrielle*, Paris, Seuil.

Colin T. [2001], « Est-il possible de négocier l'emploi dans l'entreprise ? », *in* Schmidt G. (dir.), *La Gestion des sureffectifs*, Paris, Economica.

Colin T. et Rouyer R. [1996], « La loi sur les plans sociaux face à une logique gestionnaire : une portée limitée », *Travail et Emploi*, n° 69, p. 5-22.

Cornolti C. [2006], « Les effets des suppressions d'emplois sur le comportement des salariés restants en France : résultats d'une recherche exploratoire », *Revue de gestion des ressources humaines*, n° 59, p. 31-59.

Cornolti C. et Moulin Y. [2007], « Pourquoi les suppressions d'emplois ne produisent-elles pas une hausse de la performance ? Éléments pour l'amélioration du modèle de calcul décisionnel », *Management et Avenir*, n° 11, p. 63-92.

Cornolti C., Moulin Y. et Schmidt G. [2001], « Le suivi des plans sociaux en Lorraine : réflexions autour de trois études de cas », *in* Schmidt G. (dir.), *La Gestion des sureffectifs : enjeux et pratiques*, Paris, Economica, p. 179-188.

Dares [2006], « Les plans de sauvegarde de l'emploi : accompagner les salariés licenciés sans garantie d'un retour vers l'emploi stable », *Premières Informations, Premières Synthèses*, M. Bobbio, juillet, vol. 28, n° 2.

— [2009a], « Les préretraites publiques en 2008 : en baisse continue », *Premières Informations, Premières Synthèses*, R. Merlier, vol. 26, n° 3, juin.

— [2009b], « Le reclassement professionnel des salariés licenciés pour motif économique : comparaison entre le contrat de transition professionnelle, la convention de reclassement personnalisé, et l'accompagnement classique de l'ANPE », *Premières Informations, Premières Synthèses*, M. Bobbio et

C. Gradatour, vol. 43, n° 3, octobre.

— [2009c], « Les dispositifs publics d'accompagnement des restructurations en 2008 », *Premières Informations, Premières Synthèses*, M. Bobbio, vol. 48, n° 2, novembre.

— [2011], « Négociation collective et grèves dans le secteur marchand en 2009 », M. Bobbio, *Dares Analyses*, n° 47, juin.

DATTA D.K., GUTHRIE J.P., BASUIL D. et PANDEY A. [2010], « Causes and effects of employee downsizing : a review and synthesis », *Journal of Management*, vol. 36, p. 281-348.

DAYAN J.-L. et KERBOURC'H J.-Y. [2010], « La rupture conventionnelle du contrat de travail », *Note d'analyse du Conseil d'analyse économique*, n° 198, octobre.

DECOOPMAN N. et LEFEBVRE J. [2001], « Le juge, régulateur du marché du travail. L'exemple du licenciement économique », *in* KERBOURC'H J.-Y., WILLMANN R., MÉDA D. et BEAUJOLIN-BELLET R. (dir.), *Le Salarié, l'entreprise, le juge et l'emploi*, Paris, La Documentation française, « Cahier Travail et emploi », p. 31-56.

DENTCHEV N.A. et HEENE A. [2004], « Managing the reputation of restructuring corporations : send the right signal to the right stakeholder », *Journal of Public Affairs*, vol. 4, n° 1, p. 56-72.

DIETRICH A. et PARLIER M. [2007], « Les accords de GPEC : une technologie visible ? », *Revue de gestion des ressources humaines*, n° 66, octobre-décembre, p. 30-42.

DIMAGGIO P.J. et POWELL W.W. [1983], « The iron cage revisited : institutional isomorphism and collective rationality in organizational fields », *American Sociological Review*, vol. 48, p. 147-160.

ÉDOUARD F. [2005], « Conséquences sur l'emploi et le travail des stratégies d'externalisation d'activités », *Rapport du Conseil économique et social*, Paris.

EUROPEAN RESTRUCTURING MONITOR (ERM) [2009a], « Overview of ERM statistics April-June 2009 », *ERM Quarterly*, n° 2, été.

— [2009b], *Restructuring in Recession*, ERM Report.

— [2011], « Summary and overview of ERM cases », *ERM Quarterly*, n° 2, été.

FABRE C. [1997], *Les Conséquences humaines des restructurations : audit de l'implication des rescapés après un plan social*, Paris, L'Harmattan.

FARBER H.S. [2005], « What do we know about job loss in the United States ? Evidence from the Displaced Workers Survey, 1981-2004 », *Economic Perspectives*, Federal Reserve Bank of Chicago (Second Quarter), p. 13-28.

FAYOLLE J. [2005], « Restructurations d'hier et d'aujourd'hui : les apports d'un séminaire », *Revue de l'Ires*, vol. 47, n° 1, p. 335-360.

FISHER S.R. et WHITE M.A. [2000], « Downsizing in a learning organization : are there hidden costs ? », *Academy of Management Journal*, vol. 25, n° 1, p. 244-251.

FOURNIER M. et ZUBER M. [2010], « Un économiste humaniste ;

rencontre avec Amartya Sen », *Sciences humaines*, n° 214, avril.

FRANÇOIS-PHILIP BOISSEROLLES DE SAINT-JULIEN D. [2010], *Les Plans de sauvegarde de l'emploi*, Paris, Éditions Liaisons.

FREYSSINET F. et SEIFERT H. [2001], *Negotiating Collective Agreements on Employment and Competitiveness*, European Foundation for the Improvement of Living and Working Conditions.

FREYSSINET J. [2010], *Négocier l'emploi : 50 ans de négociations interprofessionnelles sur l'emploi et la formation*, Paris, Éditions Liaisons/Centre d'études de l'emploi.

GABRIEL Y., GRAY D.E. et GORE-GAOKAR H. [2010], « Temporary derailment or the end of the line ? Managers coping with unemployment at 50 », *Organization Studies*, vol. 31, p. 1687.

GAND S. et SARDAS J.-C. [2011], « Les transitions professionnelles contraintes par des restructurations : dynamiques individuelles et modalités d'accompagnement », *Gérer et Comprendre*, mars.

GANDOLFI F. [2009], « Training and development in a era of downsizing », *Journal of Management Research*, vol. 9, n° 1, avril, p. 3-14.

GARAUDEL P., NOËL F. et PETROVSKI M. [2005], « La réduction de l'effectif de l'usine ADDA de Poix du Nord », *Étude réalisée dans le cadre du programme MIRE*, www.mire-restructuration.eu.

GARAUDEL P., NOËL F. et SCHMIDT G. [2006], « Restructurer sans licencier, l'accord de mobilité chez Assurancia », *Étude réalisée dans le cadre du programme MIRE*, www.mire-restructuration.eu.

— [2008], « Overcoming the risks of restructuring through integrative bargaining process : two case studies in a French context », *Human Relations*, vol. 6, n° 9, p. 1293-1331.

GARAUDEL P., PETROVSKI M. et SCHMIDT G. [2006], « Cap Compétences : gestion collective du risque de sureffectif dans le cadre d'une entreprise élargie », *Étude réalisée dans le cadre du programme MIRE*, www.mire-restructuration.eu.

GAZIER B. [2005], « Le rôle des politiques actives de l'emploi dans les restructurations », *in* AUER P., BESSE G. et MÉDA D. (dir.), *Délocalisations, normes du travail et politiques d'emploi*, Paris, La Découverte, p. 123-157.

— [2008], « Comparing processes across Europe », *in* GAZIER B. et BRUGGEMAN F., *Restructuring Work and Employment in Europe*, Cheltenham, Edward Elgar, p. 11-31.

— [2010], « Adieu "flexicurité" ? La sécurisation des parcours professionnels », *in* TIXIER P.-E. (dir.), *Ressources humaines pour sortie de crise*, Paris, Presses de Sciences-Po, p. 205-222.

GOMBOLA M.-J. et TSETSEKOS G.-P. [1992], « The information content of plant closing announcements : evidence from financial profiles and the stock price reaction », *Financial Management*, vol. 21, n° 2, p. 31-40.

GOMEL B., MÉDA D. et SERVERIN É. [2009], *L'Emploi en ruptures*, Paris, Dalloz.

Goux C. [2006], *Emploi et restructurations. Guide d'application de la loi de cohésion sociale*, Paris, Éditions d'Organisation.

Granovetter M. [1985], « Economic action and social structure : the problem of embeddedness », trad. fr. *in* Granovetter M. [2000], *Le Marché autrement*, Paris, Desclée de Brouwer, p. 75-114.

Greenberg E., Grunberg L., Moore S. et Sikora P. [2010], *Turbulence. Boeing and the State of American Workers and Managers*, New Haven, Yale University Press.

Groux G. et Pernot J.-M. [2008], *La Grève*, Paris, Presses de la FNSP, « Contester ».

Grunberg L., Moore S. et Greenberg E. [2009], « Minimizing the impact of layoffs on front-line managers : ensuring that layoffs are conducted fairly can help reduce negative feelings among managers who must give notice to workers », *The Journal of Employee Assistance*, janvier.

Guélaud C. [2000], « Restructurations : un éclairage européen », *in* Tixier P.-E. et Lemasle T., *Des restructurations et des hommes*, Paris, Dunod, p. 9-20.

Guillemard A.-M. [2008], « Un cours de vie plus flexible, de nouveaux profils de risques, enjeux pour la protection sociale », *in* Guillemard A.-M. (dir.), *Où va la protection sociale ?*, Paris, PUF, p. 27-50.

Guyonvarc'h M. [2008], « La banalisation du licenciement dans les parcours professionnels. Déstabilisation ou recomposition des identités au travail ? », *Terrains et Travaux*, n° 14, septembre, p. 149-170.

Hammer M. et Champy J. [1993], *Le Reengineering*, Paris, Dunod.

Hélardot V. [2006], « Parcours professionnels et histoires de santé : une analyse sous l'angle des bifurcations », *Cahiers internationaux de sociologie*, n° 120, janvier-juin, p. 59-83.

Hires [2008], *Health in Restructuring, Innovative Approaches and Policy Recommendations*, *in* Kieselbach T. (dir.), www.ipg.uni-bremen.de/research/hires/final_report.php.

Hubler J., Meschi P.-X. et Schmidt G. [2001], « Annonces de suppressions d'emplois et valeur boursière des entreprises », *in* Schmidt G. (dir.), *La Gestion des sureffectifs : enjeux et pratiques*, Paris, Economica, p. 193-207.

Huret N. (2004), « Reconversion industrielle dans la France d'aujourd'hui. Outils et méthodes », *Réalités industrielles. Annales des Mines*, mai, p. 18-20.

Insee [1997], « La restructuration des grands établissements industriels », *Insee Première*, n° 513, mars.

— [2001], « Des groupes de la taille de PME », *Insee Première*, n° 764, mars.

Jacquot T. et Point S. [2001], « Les justifications sur les réductions d'effectifs : une analyse de l'argumentation développée par les dirigeants allemands et français », *in* Schmidt G. (dir.), *La Gestion des sureffectifs : enjeux et pratiques*, Paris, Economica, p. 111-133.

Kerbourc'h J.-Y. [2007], « L'anticipation des restructurations à l'épreuve du droit du travail », *Travail et Emploi*, n° 109, p. 25-38.

Khalidi M.-F. [2011], *La Négociation des plans de suppression d'emplois. Une dynamique entre drames et dramaturgie*, thèse de doctorat en sciences de gestion, université Paris 1-Panthéon-Sorbonne, novembre.

Kieselbach T. et Jeske D. [2007], *Les Restructurations d'entreprises et leur impact sur la santé : exemples d'approches innovantes en entreprise*, www.mire-restructuration.eu.

Lachmann H., Larose C. et Penicaud M. [2010], *Rapport sur le bien-être et l'efficacité au travail*, février, www.travail-emploi-sante.gouv.fr.

Larose C. [2001], *Cellatex : quand l'acide a coulé*, Paris, Syllepse/VO Éditions.

Leana C.R. et Feldman D.C. [1992], *Coping with Job Loss. How Individuals, Organizations and Communities Respond to Layoffs*, New York, Lexington Books.

Leana C.R., Feldman D.C. et Tan G.Y. [1998], « Research predictors of coping behavior after a layoff », *Journal of Organizational Behavior*, vol. 19, p. 85-97.

Lee J. [2006], « Family firm performance : further evidence », *Family Business Review*, vol. 19, n° 2, juin, p. 103-114.

Legrand H.-J. [2002], « Pourquoi et comment améliorer les règles qui régissent la mise en cause des emplois ? », *in* Aubert J.-P.,

« Mutations industrielles, mode d'emploi », note de synthèse du *Rapport au Premier ministre sur les mutations industrielles*.

Lei D. et Hitt M. [1995], « Strategic restructuring and outsourcing : the effect of mergers and acquisitions and LBOs on building firm skills and capabilities », *Journal of Management*, vol. 21, n° 5, p. 835-859.

Lescure M. [2010], « Les restructurations industrielles en perspective historique », *in* Didry C. et Jobert A., *L'Entreprise en restructuration, dynamiques institutionnelles et mobilisations collectives*, Rennes, PUR, p. 27-30.

Linhart D. [2003], *Perte d'emploi, perte de soi*, Paris, Érès.

Littler C. et Innes P. [2003], « Downsizing and deknowledging the firms », *Work Employment and Society*, vol. 17, n° 1, p. 73-100.

Love G.E. et Kraatz M. [2009], « Character, conformity, or the bottom line ? How and why downsizing affected corporate reputation ? », *Academy of Management Journal*, vol. 52, n° 2, p. 314-335.

Love G.E. et Nohria N. [2005], « Reducing slack : the performance consequences of downsizing by large industrial firms, 1977-1993 », *Strategic Management Journal*, vol. 26, p. 1087-1108.

Lüscher L.S. et Lewis M.W. [2008], « Organizational change and managerial sensemaking : working through paradox », *Academy of Management Journal*, vol. 51, n° 2, p. 221-241.

Luthans B.C. et Sommer S.M. [1999], « The impact of downsizing on workplace attitudes : differing reactions of managers and staff in a health care organization », *Group and Organization Management*, vol. 24, n° 1, p. 46-70.

MALLET L. [1989], « La détermination du sureffectif dans l'entreprise : démarche gestionnaire et construction sociale », *Travail et Emploi*, n° 40, p. 22-32.

MALLET L., REYNES B., TEYSSIER F. et VICENS C. [1997], « À quoi servent les plans sociaux ? », *Travail et Emploi*, n° 72, p. 79-99.

MALLET L. et TEYSSIER F. [1992], « Sureffectif et licenciement économique », *Droit social*, n° 4, p. 348-359.

MAZADE O. [2005], « Cellules de reclassement et individualisation du traitement du chômage. Le cas de Metaleurop et des Houillères du Nord », *Revue de l'Ires*, n° 47, p. 195-214.

MAZAUD F. et LAGASSE M. [2009], « Externalisation et coordination stratégique des relations de sous-traitance : le cas d'Airbus », *in* BAUDRY B. et DUBRION B., *Analyses et transformations de la firme*, Paris, La Découverte, « Recherches ».

MCCANN L., HASSARD J. et MORRIS J. [2004], « Middle managers, the new organizational ideology and corporate restructuring : comparing Japanese and Anglo-American management systems », *Competition and Change*, vol. 8, n° 1, p. 27-44.

MCKINLEY W., SANCHEZ C.M. et SCHICK A.G. [1995], « Organizational downsizing : constraining, cloning, learning », *Academy of Management Executives*, vol. 9, n° 3, p. 32-44.

MCKINLEY W., ZHAO J. et RUST K.G. [2000], « A sociocognitive interpretation of organizational downsizing », *Academy of Management Review*, vol. 25, n° 1, p. 227-243.

MÉDA D. et MINAULT B. [2005], « La sécurisation des trajectoires professionnelles », *Document d'études de la Dares*, n° 107, octobre.

MELLAHI K. et WILKINSON A. [2009], « A study of the association between downsizing and innovation determinants », *International Journal of Innovation Management*, vol. 12, n° 4, p. 677-698.

MENTZER M.-S. [1996], « Corporate downsizing and profitability in Canada », *Revue canadienne des sciences de l'administration*, vol. 13, n° 3, p. 237-250.

MESCHI P.-X. [1998], « Les restructurations sont-elles créatrices de valeur économique ? Analyse de la relation entre nature, amplitude et impact économique des restructurations », *15ᵉ Journée nationale des IAE*.

MEUSE K.P. DE, VANDERHEIDEN P.A. et BERGMANN T.J. [1994], « Announced layoffs : their effect on corporate financial performance », *Human Resource Management*, vol. 33, p. 509-530.

MIRE [2006], *Synthèse et recommandations*, Monitoring Innovative Restructuring in Europe, www.mire-restructuration.eu.

MISHRA A.K. et SPREITZER G.M. [1998], « Explaining how survivors respond to downsizing : the roles of trust, empowerment, justice, and work redesign », *Academy of Management Review*, vol. 23, n° 3, p. 567-588.

Mordillat G. [2005], *Des vivants et des morts*, Paris, Calmann-Lévy.

Moreau M.-A. [2006], « Restructuration et comité d'entreprise européen », *Droit social*, n° 3, p. 308-318.

Morel S. [2009], « La sécurisation des trajectoires professionnelles : quelques enjeux pour la recherche et l'action dans le domaine des politiques de l'emploi », colloque international Regards croisés sur les mutations du travail, Québec, ANACT et université Laval.

Morin M.-L. et Vicens C. [2001], « Redundancy, business flexibility and workers' security : findings of a comparative European survey », *International Labour Review*, vol. 140, n° 1, p. 45-67.

Morrison E. et Robinson S. [2000], « The development of psychological contract breach and violation : a longitudinal study », *Journal of Organizational Behavior*, vol. 21, p. 525-546.

Moulin Y. [2001], *Contribution à la connaissance du processus de réduction des effectifs instrumentée par un plan social : une analyse empirique des mécanismes formels et informels*, thèse de doctorat en sciences de gestion, université Nancy 2.

Moutet A. [2010], « La crise des années 1930 dans l'industrie française : les ouvriers et leurs organisations face au chômage », *in* Didry C. et Jobert A., *L'Entreprise en restructuration, dynamiques institutionnelles et mobilisations collectives*, Rennes, PUR, p. 31-44.

Nanteuil M. de [2009], « L'éthique de responsabilité... contre la RSE ? », *Sociologies pratiques*, n° 18, p. 65-77.

Negroni C. [2005], « La reconversion professionnelle volontaire : d'une bifurcation professionnelle à une bifurcation biographique », *Cahiers internationaux de sociologie*, n° 119, p. 311-331.

Noël F. [2004], *Les Suppressions d'emplois, entre contraintes économiques et pressions sociales*, Paris, Vuibert, « FNEGE ».

Noël F., Beaujolin-Bellet R., Garaudel P., Khalidi M.-F. et Schmidt G. [2010], « Entre indemnisation et effort de reclassement, quel compromis social lors des restructurations ? », *États généraux du management*, FNEGE, octobre.

Nohria N. et Gulati R. [1996], « Is slack good or bad for innovation ? », *Academy of Management Journal*, vol. 39, n° 5, p. 1245-1264.

Ohlsson H. et Storrie D. [2007], « Long term effects of public policy for displaced workers in Sweden — shipyard workers in the West and miners in the North », *Working Paper Series*, n° 19, Uppsala University, Department of Economics.

Palpacuer F., Seignour A. et Vercher C. [2007], *Sorties de cadres. Le licenciement pour motif personnel instrument de gestion de la firme mondialisée*, Paris, La Découverte.

Paucard D. [2003], « Les alternatives économiques proposées par les représentants du personnel », *Regards*, n° 2.

— [2008], « The restructuring process : towards a comprehensive analysis », *in* Gazier B. et Bruggeman F., *Restructuring Work and Employment in Europe*, Cheltenham, Edward Elgar, p. 32-56.

Pearlin L.-I. et Schooler C. [1978], « The structure of coping », *Journal of Health and Social Behavior*, vol. 19, p. 2-21.

Petrovski M., Beaujolin-Bellet R., Bruggeman F. et Triomphe C.-E. [2008], « France : law driven restructuring », *in* Gazier G. et Bruggeman F., *Restructuring Work and Employment in Europe*, Cheltenham, Edward Elgar, p. 101-119.

Petrovski M. et Paucard D. [2006], « Les accords de méthode et leur impact sur les procédures d'information-consultation des représentants du personnel : quelques résultats à partir de huit études de cas », *Revue de l'Ires*, vol. 50, p. 103-136.

Pichault F., Warnotte G. et Wilkin L. [1998], *La Fonction ressources humaines face aux restructurations. Trois cas de downsizing*, Paris, L'Harmattan.

Ramonet M. [2010], « Les cellules de reclassement », *Rapport du Conseil économique, social et environnemental*, n° 001-2010.

Ray J.-E. [2006], « Pour des restructurations socialement responsables », *Droit social*, n° 3, mars, p. 249-259.

— [2009], *Droit du travail, droit vivant, 2009/2010*, Paris, Éditions Liaisons, 18ᵉ édition.

Reynaud B. et Degorre A. [2007], « Workforce reduction and firm performance : a comparison between French publicly-listed and non-listed companies, 1994-2000 », *Working Paper*, n° 20, CNRS-PSE.

Robinson S. et Rousseau D. [1994], « Violating the psychological contract : not the exception but the norm », *Journal of Organizational Behavior*, vol. 15, p. 245-259.

Rogovsky N., Ozoux P., Esser D., Merpe T. et Broughten A. [2005], *Restructuring for Corporate Success. A Socially Sensitive Approach*, Genève, OIT.

Roth W.F. [2009], « Downsizing : the cure that can kill », *Global Business and Organizational Excellence*, vol. 28, n° 6, septembre-octobre, p. 46-52.

Rouleau L. [2005], « Micro-practices of strategic sensemaking and sensegiving : how middle-managers interpret and sell change every day », *Journal of Management Studies*, vol. 42, n° 7, p. 1413-1441.

Roupnel-Fuentes M. [2011], *Les Chômeurs de Moulinex*, Paris, PUF, « Le lien social ».

Rouyer R. [2001], « Un cadrage macro et méso-économique des licenciements économiques », *in* Schmidt G. (dir.), *La Gestion des sureffectifs : enjeux et pratiques*, Paris, Economica.

Rust K.G. et Katz J.P. [2002], « Organizational slack and performance : the interactive role of workforce changes », *Midwest Academy of Management Conference*, avril.

Sauret C. et Thierry D. [1993], *La Gestion prévisionnelle et préventive des emplois et des compétences*, Paris, L'Harmattan.

Sentis P. [1998], « Performances à long terme et caractéristiques financières des entreprises qui réduisent leurs effectifs », *Finance Contrôle Stratégie*, vol. 1, p. 115-150.

Séverin E. [2006], *Restructuration de l'entreprise : théorie et pratique*, Paris, Economica.

Stavrou E., Kassinis G. et Filotheou A. [2006], « Downsizing and stakeholder orientation among the fortune 500 : does family ownership matter ? », *Journal of Business Ethics*, vol. 72, nº 2, p. 149-162.

Storrie D. [2006], *Restructuring and Employment in the EU : Concepts, Measurement and Evidence*, Dublin, European Foundation for the Improvement of Living and Working Conditions.

Taoufik S. et Le Louarn J.-Y. [2007], « The performance effects of major workforce reductions : longitudinal evidence from North America », *International Journal of Human Resource Management*, vol. 18, nº 12, décembre, p. 2075-2094.

Thierry D. [1995], *Restructurations et reconversions : concepts et méthodes*, Paris, L'Harmattan.

Tixier P.-E. et Lemasle T. [2000], « Les restructurations : d'une conception réparatrice à une conception anticipatrice », *in* Tixier P.-E et Lemasle T., *Des restructurations et des hommes*, Paris, Dunod, p. 189-208.

Torrès O. [2010], « Layoffs in SMEs : the role of proximity », *Colloque GRH-PME-Entrepreneuriat*, Montpellier, avril.

Trotzier C. [2006], « Le choc du licenciement : femmes et hommes dans la tourmente », *Travail, Genre et Sociétés*, vol. 16, nº 2, p. 19-37.

Tüchszirer C. [2005], « Le reclassement des salariés licenciés pour motif économique : responsabilité sociale de l'entreprise ou de la collectivité publique ? », *Revue de l'Ires*, nº 47, numéro spécial *Restructuration, nouveaux enjeux*, p. 157-174.

Turner C.A., Ryman J.A. et Clark W.A., [2007], « The anorexic trend of business : a resource-based view of managerially downsized firms », *The Journal of Global Business Issues*, vol. 2, été.

Viet C. [2003], *Rapport de synthèse de la mission exploratoire sur l'accompagnement des mutations économiques*, Paris, ministère des Affaires sociales, du Travail et de la Solidarité.

Villeval M.C. [1992], *Mutations industrielles et reconversion des salariés*, Paris, L'Harmattan, « Développement et Emploi ».

Walton R.E. et McKersie R.B. [1965], *A Behavioral Theory of Labor Relations*, New York, McGraw Hill, 1991.

Weick K.E. [1995], *Sensemaking in Organizations*, Thousand Oaks, Sage Publications, Foundation for Organizational Sciences.

Worrell D.L., Davidson W.N. et Sharma V.M. [1991], « Layoff announcements and stockholder wealth », *Academy of Management Journal*, vol. 34, n° 3, p. 662-678.

Zatzick C.D., Marks M.L. et Iverson R.D. [2009], « Which way should you downsize in a crisis ? », *MIT Sloan Management Review*, vol. 51, n° 1, p. 79-86.

Webographie

www.fse-agire.com
www.mire-restructuration.eu
www.eurofound.europa.eu/emcc/
www.ec.europa.eu/employment_
  social/anticipedia/
www.travail-emploi-sante.gouv.fr
www.anact.fr/
www.gregoriae.com/chairemai/

Table des matières

Collection

R E P È R E S

créée par
MICHEL FREYSSENET et OLIVIER PASTRÉ (en 1983),

dirigée par
JEAN-PAUL PIRIOU (de 1987 à 2004), *puis par* PASCAL COMBEMALE,

avec SERGE AUDIER, STÉPHANE BEAUD, ANDRÉ CARTAPANIS, BERNARD COLASSE, JEAN-PAUL DELÉAGE, FRANÇOISE DREYFUS, CLAIRE LEMERCIER, YANNICK L'HORTY, PHILIPPE LORINO, DOMINIQUE MERLLIÉ, MICHEL RAINELLI, PHILIPPE RIUTORT, FRANC-DOMINIQUE VIVIEN et CLAIRE ZALC.

Le catalogue complet de la collection « Repères » est disponible sur notre site
http://www.collectionreperes.com

GRANDS REPÈRES

Classiques
R E P È R E S

La formation du couple. *Textes essentiels pour la sociologie de la famille,* Michel Bozon et François Héran.

Invitation à la sociologie, Peter L. Berger.

Un sociologue à l'usine. *Textes essentiels pour la sociologie du travail,* Donald Roy.

Dictionnaires
R E P È R E S

Dictionnaire de gestion, Élie Cohen.

Dictionnaire d'analyse économique, *microéconomie, macroéconomie, théorie des jeux, etc.,* Bernard Guerrien.

Lexique de sciences économiques et sociales, Denis Clerc et Jean-Paul Piriou.

Guides
R E P È R E S

L'art de la thèse. *Comment préparer et rédiger un mémoire de master, une thèse de doctorat ou tout autre travail universitaire à l'ère du Net,* Michel Beaud.

Comment parler de la société. *Artistes, écrivains, chercheurs et représentations sociales,* Howard S. Becker.

Comment se fait l'histoire. *Pratiques et enjeux,* François Cadiou, Clarisse Coulomb, Anne Lemonde et Yves Santamaria.

La comparaison dans les sciences sociales. *Pratiques et méthodes,* Cécile Vigour.

Enquêter sur le travail. *Concepts, méthodes, récits,* Christelle Avril, Marie Cartier et Delphine Serre.

Faire de la sociologie. *Les grandes enquêtes françaises depuis 1945,* Philippe Masson.

Les ficelles du métier. *Comment conduire sa recherche en sciences sociales,* Howard S. Becker.

Le goût de l'observation. *Comprendre et pratiquer l'observation participante en sciences sociales,* Jean Peneff.

Guide de l'enquête de terrain, Stéphane Beaud et Florence Weber.

Guide des méthodes de l'archéologie, Jean-Paul Demoule, François Giligny, Anne Lehoërff et Alain Schnapp.

Guide du stage en entreprise, Michel Villette.

Manuel de journalisme. *Écrire pour le journal,* Yves Agnès.

Voir, comprendre, analyser les images, Laurent Gervereau.

Manuels
R E P È R E S

Analyse macroéconomique 1.
Analyse macroéconomique 2.
17 auteurs sous la direction de Jean-Olivier Hairault.

La comptabilité nationale, Jean-Paul Piriou et Jacques Bournay.

Consommation et modes de vie en France. *Une approche économique et sociologique sur un demi-siècle,* Nicolas Herpin et Daniel Verger.

Déchiffrer l'économie, Denis Clerc.

L'explosion de la communication. *Introduction aux théories et aux pratiques de la communication,* Philippe Breton et Serge Proulx.

Une histoire de la comptabilité nationale,

Histoire de la psychologie en France. XIXᵉ-XXᵉ siècles, Jacqueline Carroy, Annick Ohayon et Régine Plas.

Macroéconomie financière, Michel Aglietta.

La mondialisation de l'économie. *Genèse et problèmes,* Jacques Adda.

Nouveau manuel de science politique, sous la direction d'Antonin Cohen, Bernard Lacroix et Philippe Riutort

La théorie économique néoclassique. *Microéconomie, macroéconomie et théorie des jeux,* Emmanuelle Bénicourt et Bernard Guerrien.

Le vote. *Approches sociologiques de l'institution et des comportements électoraux,* Patrick Lehingue.

Composition Facompo, Lisieux (Calvados).
Achevé d'imprimer en février 2012 sur les presses de
La Nouvelle Imprimerie Laballery à Clamecy (Nièvre).
Dépôt légal : mars 2012
Nº de dossier : 202083

Imprimé en France